YEE BON

认识余本
1905——1995
The Art and Life of YEE BON

麦荔红 著

南方出版传媒
花城出版社
中国·广州

图书在版编目（CIP）数据

认识余本 / 麦荔红著. -- 广州：花城出版社，
2019.7
ISBN 978-7-5360-8948-8

Ⅰ．①认… Ⅱ．①麦… Ⅲ．①余本（1905-1995）—评传 Ⅳ．①K825.72

中国版本图书馆CIP数据核字(2019)第134509号

出 版 人：肖延兵
策划编辑：林宋瑜
责任编辑：林　菁　揭莉琳
　　　　　刘玮婷　罗敏月
技术编辑：凌春梅
装帧设计：方壮荣　张向春

书　　名	认识余本 RENSHI YU BEN
出版发行	花城出版社 （广州市环市东路水荫路11号）
经　　销	全国新华书店
印　　刷	雅昌文化（集团）有限公司 （深圳市南山区深云路19号）
开　　本	787毫米×1092毫米　16开
印　　张	20　2插页
字　　数	290,000字
版　　次	2019年7月第1版　2019年7月第1次印刷
定　　价	268.00元

如发现印装质量问题，请直接与印刷厂联系调换。
购书热线：020-37604658　37602954
花城出版社网站：http://www.fcph.com.cn

YEE BON
余本 1905—1995

　　余本，原名余建本，著名油画家，1905年生，广东省原台山县三八乡高阳村人。1918年13岁到加拿大勤工俭学，1931年毕业于著名艺术学府——加拿大安大略艺术学院，获成绩优异特别奖状。作品入选加拿大渥太华、多伦多美术馆展出。1933年回香港从事创作及授徒，是香港西画艺术发展的先驱。

　　Yee Bon (formerly Yu Jianben) , a noted oil painter, was born in Gaoyang Village, Sanba Town, Taishan County, Guangdong Province. In 1918, when he was 13 years old, he moved to Canada for a work-study program and stayed there through his graduation from Ontario College of Art (now known as OCAD) in 1931. There, he became widely recognized for his artistic talent and received many awards for his outstanding works — many of which were exhibited in galleries across Ottawa and Toronto. In 1933, Yee returned to Hong Kong and began his career as a painter, teacher, and pioneer for the incorporation of western-style painting into the Hong Kong art scene.

余本在油画技巧的探索中，十分重视研究民族艺术的理论，吸取我国民族绘画中的某些精华，形成了具有民族气派的油画风格。

As he began to create oil paintings, a type of western-style art, Yee Bon used Chinese painting techniques and ultimately crafted his own, unique painting style that reflected the Chinese spirit.

1956年应政府邀请，举家回内地定居。从20世纪30年代至80年代，余本创作油画作品逾千，作品多次参加全国及国际展览。经典作品：《拉琴者》《纤夫》《待雇》等十多幅作品被中国美术馆收藏。作品先后在加拿大、俄罗斯、菲律宾展出，以及在香港、澳门、广州、武汉、杭州、常熟、西安、上海、南京、北京、哈尔滨等地美术馆举办个人展览。获中国美术家协会、中国文化部致函和奖状的好评。

In 1956, at the invitation of the Chinese government, Yee Bon and his family moved from Hong Kong to Mainland China. From the 1930s through the 1980s, Yee created over one thousand oil paintings, many of which were not only included in his solo exhibitions in Hong Kong, Macao, Guangzhou, Wuhan, Hangzhou, Changshu, Xi'an, Shanghai, Nanjing, Beijing and Harbin, but also featured in various international exhibitions in Canada, Russia, and the Philippines. A dozen of his original works, including *Eastern Music*, *Boat Trackers*, and *Waiting to be Hired*, were collected by the National Art Museum of China. As a result of his accomplishments, he received great recognition from the China Artists Association and China Ministry of Culture via letters and certificates of merit.

余本历任全国人大代表，全国政协委员，全国文联委员，全国美协理事，第四届中国美术家协会顾问，广东省华侨事务委员会委员，广东省文联副主席，广东省美协副主席，广东画院副院长、艺术顾问。

Yee Bon successively served as Deputy to the National People's Congress, Member of the National Committee of CPPCC, Committee Member of the China Federation of Literary and Art Circles, Director of the China Artists Association, Advisor to the Fourth Session of the China Artists Association, Member of the Guangdong Province Overseas Chinese Affairs Committee, Vice Chairman of the Guangdong Federation of Literary and Art Circles, Vice Chairman of the Guangdong Artists Association, and Vice President and Artistic Advisor of Guangdong Art Institute.

序

Preface

　　中国历代的知识分子之中，固然不乏得意时"仰天大笑出门去"、失意时"明朝散发弄扁舟"、穷愁时"乘桴浮于海"、显达时"小舟从此逝"的名士，也不乏"哀民生之多艰""惟歌生民病""致君尧舜上"的人道同情者，更有以文质彬彬、中庸蕴藉为人格风范的儒家文士。然而到了近代，面对亡国灭族的威胁，中国知识分子从中外关系的突然逆转中猛醒过来，在对中国文化传统进行深层、痛楚和深刻的反省之时，从批判固有的经济、政治制度逐步深入到怀疑传统文化乃至抨击处于文化深层的落后国民性，并从对国民性的反思出发，对人类、人生以及人性的根本问题进行了思考，进而在伦理观念上，从内心深处触犯了纲常礼教而倾向于平等人权；更有毅然走出国门的有识之士，逐渐形成一代走出去、拿回来的风气，使国人茅塞大开，瞩目西方……

In the ancient feudal times, Chinese intellectuals held various philosophies of life. There were romantic poets who lived carefree and unbothered by life's hardships, humanitarians concerned with both the poor conditions of society's least advantaged and the general population's suffering, and Confucian followers who pursued gentleness in life and adhered to the Doctrine of the Mean. Though these philosophies may have seemed different upon first glance, they actually had much more in common as they were all fundamentally nationalistic. However, as time progressed, tense relations between China and foreign countries reversed this status quo. As the nation's political atmosphere became disrupted by the intrusion of other countries and cultures, Chinese intellectuals began to rethink and reconsider the basis of their own philosophies. This revolution of thought started with the criticism of the nation's internal economic and political systems and extended to the questioning of Chinese traditional culture and its underlying patriotic character. To gain more perspective and insight into the challenges they faced, some intellectuals traveled abroad to study other cultures' teachings. They then brought back newly learned concepts that ultimately played a major role in fueling the Chinese interest with the West.

而20世纪的香港,受辛亥革命和"五四"运动的影响和促进,成为西方资本主义现代文明进入中国的前沿。一批"睁开眼睛看世界"的知识分子如王韬、胡礼桓、潘飞声等陆续来到香港,他们著书办报,写诗作画,成为香港近代文艺的开拓者。稍后,更有鲁迅、胡适、欧阳予倩、许地山等对香港新文艺的培养,使原本冷落、沉寂的文坛得以打破。抗战时期,特殊的政治地理环境使大批文化人会聚香港,文艺空前繁荣,出现了一批具有强烈爱国主义和进步民主精神、关注时代社会、关心平民百姓的文艺作品,艺术家们兼收并蓄,以批判的写实风格进行创作。

During the 20th century, as a result of the Revolution of 1911 and May 4th Movement, Hong Kong became the frontier for the modern civilization of western capitalism in China. Thought leaders who advocated for maintaining openness to western, foreign concepts, including Wang Tao, Hu Lihuan, and Pan Feisheng, fled to Hong Kong in droves. These intellectuals published books and newspapers, wrote poems, and drew paintings that paved the way for the expansion of modern, westernized literature and art in Hong Kong. Later, writers like Lu Xun, Hu Shi, Ouyang Yuqian, and Xu Dishan, also moved to Hong Kong and rejuvenated the city's silent literary world. During the War of Resistance Against Japan, even more intellectuals fled to Hong Kong as they faced unique political and geographical circumstances. This movement brought about unprecedented attention and vigor to the humanities. Intellectuals shared and adopted diverse approaches that led to the creation of western-inspired works of art. These pieces were much different than their predecessors: they were more critical of the traditional

Chinese culture and concerned for the state of the current times than ever before.

在绘画方面，20世纪30年代初，一批留学西方的中国画家相继回到香港，闯开了香港油画创作的新局面，余本先生便是其中颇有贡献的一位。这位13岁漂洋过海赴加拿大谋生、学画，30岁回国并在香港定居，被誉为香港"画坛三杰"之一的著名油画家，对香港西洋画艺术的开创和发展起过积极的推动作用。今天，我们依然可以从余本先生留下来的大量作品中感悟到他的思想、情感和意志，感受到画家的仁义之心和人道情怀。更重要的是，他在作品中自觉或不自觉地向人们提出了个体的感性生命的归依以及生活世界的价值和意义问题。

With regards to the modernization of painting, many Chinese students studying abroad returned to Hong Kong in the early 1930s and paved the way for western-style paintings to take root in the country. Yee Bon was one of these students who contributed significantly to this trend. Armed with the great knowledge and experience gained from studying the art of painting in Canada at the age of 13, Yee played an important role in initiating and promoting western-type paintings once he moved back to Hong Kong at the age of 30. As a result of his efforts, he is praised as one of the "three painting masters" in Hong Kong. Today, we can still see the thoughts, emotions, and intentions, as well as his benevolence and humanitarianism thoughtfully layered within his works of art. Yee raised thought-provoking questions in his pieces, whether intentionally or not, about where the perpetual life of an individual belonged, as well as what the value and significance were of the living world.

在余本的早期作品中，似乎不自觉地笼罩着一种时代的愁绪。处于商品和资本关系中的人们，其全部生命的活动、生产活动和感觉思维都在金钱和资本的支配之下，因而生活是异化的，所谓自由平等也是异化的，人因而丧失了自身的自然本质以及其所应占用的自然世界。于是有了《奏出人间的辛酸》，有了《待雇》，有了《纤夫》。"人生来自由，却到处披着枷锁"，卢梭时代的这句感叹又何尝不适用于余本所处的那个年代？作者着力于对象的身体语言的表达，而一概隐去了对象的面部表情，从而寄希望于通过观众自己的想象和理解得以最终完成。如果说《待雇》是对不确定的茫然未来的彷徨和等待，《纤夫》是对苦难命运的承载和不屈，那么，《奏出人间的辛酸》则更为深沉地唱出了时代的悲辛与哀寂，并唤起人们对深切体验到的时代愁绪进行形而上的反思。同时也体现了作者渴望一种"大道之行也，天下为公"的世界，希望人与人之间拥有亲密互助的平等人伦。尽管生活在这样一个交易、计算、推演的社会里，尽管也靠卖画、授徒养家糊口，然而余本最终关注的依然是普罗大众的现实的、具体的存在方式，仿佛"无穷的远方，无数的人们，都和我有关"（鲁迅语），作者正是感受到与群体的血肉关系并发现了个体生命的存在，进而产生了对他们的亲切、关怀和爱以及与之交流、沟通的欲求，因而在他的早期作品中出现了《农妇》《劳动者》《苦力像》《渔民像》《农民》《渔女》等肖像作品，更有了《捕鱼归来》《起网》《汲水》《街渡》《茶楼》等描写下层百姓生活及存在方式的作品。诚然，宇宙之大、世界、人生、命运、幸福似乎一直是人类难以把控的，而只有对爱的感受和把握方使我们懂得了生存的价值和意义。《妻子》《女儿》是那么恬美澄明，这无疑是余本倾注关爱和温情的集中体现。熟悉他的人们当然不会忘记余夫人给他的生活和艺术的支持和帮助，更不会忘记他们70年来风雨同舟的生活历程。

It seems that Yee Bon's early works are strongly influenced by the dark sentiment that people are inherently obsessed with money and capital. This belief can be found in all three of his pieces: *Eastern Music*, *Waiting to be Hired*, and *Boat Trackers*. "Man is born free, yet everywhere he is in chains." Unsurprisingly, this major grievance of Rousseau's day still resonated in Yee Bon's time. To depict this, Yee clearly detailed the body language of his paintings' subject(s), but intentionally blurred facial expression(s) to force the audience to use their own imagination to fully receive his art. While *Waiting to be Hired* shows the uncertainty of the future and helplessness that it can bring. *Boat Trackers* pushes for hope in the valiant fight against life's sufferings. Even though *Eastern Music* calls for people to reflect on the gloomy times they have experienced, it also represents Yee's dream for a brighter, more unified world where people connect and cooperate with each other as equals. Yee was always concerned with the survival of humanity. As Lu Xun once said, "endless distance and countless people all matter to me." Along this same vein, Yee felt a connection to the lives of people at an individual level. This is perhaps the main reason why there were some portraits among his early works, such as *The Country Woman*, *The Worker*, *Portrait of Coolie*, *Portrait of Fisherman*, *The Farmer*, and *The Fisher Girl*. In capturing different aspects of the lives of the working class through his works, he reminds the audience that while there many things in the universe that are out of our control, love is the key to finding stability in life. The pieces, *Returning from Fishing*, *Hauling*, *Drawing Water*, *Kaito*, and *Tea House* are strong examples of this sentiment. The beautiful and bright pieces, *The Wife* and *The Daughter*, are perhaps an even stronger depiction of Yee's focus on love. Those who knew him well will never forget the immense support that his wife, Mrs. Yee, provided him throughout both his art career and personal life for over 70 years.

也许是因为从小生活在近海的广东台山,也许是因为曾经漂洋过海,也许大海、风帆、浮云和落日确实是无家可归者的姐妹和使者,也许大海同时也预示着取之不尽的生命之源,余本的作品有相当一部分与海有关,诸如《帆船》《渔港之晨》《浪》《晨曦》《帆》等等。也许人们不禁追问,何时才会远离颠簸动荡的一叶孤舟,何时才会复归坚实平稳的大地?然而大海也确实给人们带来无穷的幻想与期待,带来无尽的生命与富足。是的,人类生活在自然与万物之中,期待于通过与自然的亲密相处,分享人类的忧愁和快乐。可惜处于技术时代的人们,更多的是忙碌于物质的构建和对自然的占有,丧失了内心本来具有的内在感受性,且往往轻视那些在我们看来是理所当然的事情。而在余本的笔下,一棵树、一栋房子、一湾明净的海滩,甚至一片散落的花瓣、一块随意摆放的衬布都带着无穷的意味,他所描绘的一切似乎都是固有人性的容器，一切都丰盛着人性的蕴含。于是有了《庙》《老榕树》《赤柱海滩》，有了《菊花》《大丽花》《向日葵》……

Many of Yee Bon's paintings are nautical-themed, such as *Sailboat*, *Morning at the Fishing Port*, *Spindrift*, *Morning Sun*, and *Sail*. This may either be because Yee grew up by the seaside in Taishan County, Guangdong Province, or because he had to travel across the ocean to reach Canada. Nevertheless, the sea has always been a symbol of inspiration and natural beauty to humankind. Unfortunately, in the age of technology, people have become so obsessed with materialism and other worldly issues that we often take many things for granted, such as the beauty of nature. Yee's works manage to bring a temporary halt to this, as they are able to successfully capture the innocent beauty of nature, whether it be in a tree, a house, a clear beach, or even a fallen petal. Yee was very intentional when creating his paintings to highlight the beauty of ordinary life, and examples of this include *The Temple*, *Old Banyan*, *Stanley Beach*, *Chrysanthemum*, *Dahlia*, and *Sunflower*.

人们往往愿意把余本的作品分成两个部分，以1956年为界，1956年以前他的创作活动主要在香港进行，1956年9月他应政府邀请举家回迁内地，定居广州，此后他的创作活动主要在内地进行。无论是在"文化沙漠"的香港，还是在内地，面对不同的政治、社会、自然以及生活环境，他始终保持着独立、平等、自由的人格。如果说余本前期的作品更多的是对个体感性生命归依问题的关注，那么后期的作品则更多的是对人类生活世界的价值和意义的领悟和表达。

Art critics tend to divide Yee Bon's works into two periods: before he moved to Mainland China in 1956, when most of his paintings were created in Hong Kong, and after this move, when he began to paint mostly pieces of and within Mainland China. In September of 1956, upon the invitation of the Chinese government, Yee and his family moved to Guangzhou. In his earlier works, Yee focused more on the life of individuals and their place in the world; while, in later works, he focused more on the value and significance of the living world. It is worth noting that despite the geographical changes in his life and works, he remained independent of the contrasting political, social, natural and living conditions between the two locations.

回迁之后，他的足迹遍布祖国大地，从黑龙江、吉林、辽宁、山西、陕西、四川、湖北、湖南到海南，都在他的作品中留有记忆和体会。世界之大，人的有限生命，处处都渗透在富有深奥意味的存在之中，且通过画家的努力，人们此时此地的生存的所有形式，就不再仅仅是以时间限定的方式出现，而能够安身于我们所能分享的艺术作品之中。于是有了《黄河渡》《镜泊湖储木场》《竹林》《收割》《林场采伐》等作品。同时，画家一如既往地关怀着无穷远方的无数人，把目光投向辛勤的劳动者，因而有了《渔民少女》《田间归来》《补网》《晒网》《雨中出勤》。或许是因为生活环境以及创作心态的改变，后期的作品比之前期无论是构图、色彩还是创作的视野都有所改变，个人风格愈显鲜明。我们完全可以从《长江三峡》《黄河渡口》所表现出来的恢宏气势，以及《小兴安岭气象站》《泊》《鱼塘桑基》的独特的构图，从《珠江帆影》《双树》《延安》的明亮浓烈的色彩中看到画家的变化和进步，更可以从中感受到画家个性中的真诚、善良、朴素，感受到画家对美丽山河所产生的激情和热爱，还有心中那一片清澄耀眼的光明。如果说前期的作品仍明显地受西方油画的影响的话，那么后期的作品则更多地显示出具有民族性的成熟的个人风格。

After returning to Mainland China, Yee traveled all over the country from Heilongjiang, Jilin, Liaoing, Shanxi, Shaanxi, Sichuan, Hubei, Hunan, to Hainan Island — and shared his journey through his work. Though the transient nature of human life is inescapable, through painting, an artist is able to immortalize and preserve a slice of human existence. Pieces that demonstrate this sentiment include *The Yellow River Ferry*, *The Lumber Storage Yard by the Jingpo Lake*, *Bamboo Grove*, *Harvest*, and *Tree Falling*. Yee continued to uphold his principle of caring for the "countless people at the endless distance" by creating works that depicted the working class, such as, *The*

Fishing Girl, *Back from the Field*, *Mending Fishnet*, *Drying Fishnet*, and *On Duty in the Rain*. One may notice that Yee's later works differ from his earlier works in that their composition, color, vision, and personal style are much more distinct. This may be a result of the environmental changes that Yee experienced from moving around the country. We can see this progression of change across many of his works, including *The Three Gorges of Yangtze River*, *The Yellow River Ferry*, *Weather Station on the Lesser Khingan Mountain*, *Berthing*, *Mulberry Fish Pond*, *Sails on the Pearl River*, *Two Trees*, and *Yan'an*. We can also see from these works the sincerity, kindness, and simplicity in the Yee's character, his passion and love for magnificent scenery, and the purity in his heart. Compared to his earlier works that were strongly influenced by western oil painting, his later works were more in touch with his background and contained Chinese art techniques.

在阅读余本先生的一生及其作品的时候，我们也在感受他一生的心路过程，也就是他的思想、情感和意志。在90年的生命历程中，他始终不渝以艺术为归依，他让我们懂得何为真挚的爱、何为人生的命运、何为灵魂的归宿。倘若人们只知道存在是什么、技术是什么、交易是什么、买卖是什么、竞争是什么，终日沉浸于利益的幻想，终日陷于金钱的交易之中，在不断榨取自己的同时榨取世界，人类又如何能为自己找到安身立命之处？当然，我们不能要求所有的人在心灵深处留下一块存放无功利的精神领地，然而余本的作品确实可以让我们暂时与世俗隔开，他致力的是为人们安置一片平静的栖息之所，让人们感受生活的亮光以及澄莹的境界，并通过作品呈现丰厚沉雄的中国精神。

As we continue to review the life of Yee Bon and his works, we walk through his personal journey and gain insight into his thoughts, emotions, and wills. Yee made artwork his constant refuge throughout the 90 years of his life and showed us how he felt about true love, the destiny of life, and the destination of soul. He held on to his conviction that if human beings continued to only care about physical existence, technology, and material

序 / Preface

competition, and remained obsessed with the fantasy of great profits, we would not only exhaust ourselves but would also drain the world of its livelihood. How can we find a healthy balance for life? While it would be impossible to let go of all worldly concerns, Yee Bon's art gives us a chance to break away from our problems — even if only for a moment. He dedicated his life to creating art that gave space for us to reflect, feel the light of life, and reach a realm of clarity. Through his works, he presented to us the profound and powerful Chinese spirit.

2018.7.3
July 3, 2018

目录
——
Content

上篇 / Part I

1. 童年 / Childhood — 003

2. 少年・出洋 / Adolescence・Going Abroad — 010

3. 留学 / Studying Overseas — 015

4. 香江岁月 / Years in Hong Kong — 037

5. 回归新中国 / Returning to the People's Republic of China — 076

下篇 / Part II

1. 经典作品欣赏 / Classic Works — 149

2. 余本的人物画 / Yee Bon's Figure Paintings — 176

3. 余本的风景画 / Yee Bon's Landscape Paintings — 203

4. 余本的花卉・静物 / Yee Bon's Flower & Still-life Paintings — 234

5. 余本生活年表 / Chronology of Yee Bon's Life — 244

6. 历年出版的画集 / Albums published over the years — 291

7. 余本画展部分海报 / Some posters for Yee Bon's art exhibitions — 293

后记 / Postscript — 295

上篇
Part I

1905	童年 Childhood
1918	少年·出洋 Adolescence · Going Abroad
1929	留学 Studying Overseas
1934	香江岁月 Years in Hong Kong
1956	回归新中国 Returning to the People's Republic of China

1 童年
Childhood

　　1905年，仿佛处于相当遥远的年代！

　　进入1905年，中国已不再只属于中国，庚子之变和《辛丑条约》签订后，中国的国际地位和国家实力遭受重创，中国已由"天朝上国"沦为列强宰割的羸弱之国，摆在清廷面前的难题不绝如缕。

　　政治上，对外，国家多项主权丧失，华洋纠纷不断，长江流域、东三省、山东、两广、云贵、福建均已成为列强划定的势力范围；国内各界发起了反美华工禁约运动，旧金山华商及檀香山华侨致电并汇款支持广东的抵制美货斗争。对内，清朝推动的新政在民间遭到强烈非议，革命党人在日本成立中国革命同盟会，威胁着清廷的统治。经济上，因必须偿还列强的巨额赔款，推行新政，处理广西、江西、山西等地爆发的民变，诸事叠加财政实已捉襟见肘。

　　1922年罗素在《中国问题》中分析到：一、中国现在虽然政治无能，经济落后，但它的文化与我们不相上下，其中有些是世界所急需的，而我们却大有将它毁坏的危险。二、世界列强大多以中国人管理不善为借口而大肆侮辱中国，但其实唯一的原因是由于中国海陆军力量的薄弱。三、世界列强中，与中国最友好的是美国，最不友好的是日本。四、中国如果不变为尚武的国家或者列强不变为社会主义国家，那么中国的经济难免要为外人所控制。这是因为资本主义制度在本质上形成了弱肉强食的关系。

　　中国的科举制度，从隋唐起即分科考选文武官吏后备人员，建立了社会阶层转换的桥梁，使社会中下层的有学之士，通过科举考试进入社会上层，获得改变命运、施展才智、实现抱负的机会。1905年清廷下诏

1. 余氏支派简图

废除延续了1300年的科举，废除科举一方面使新式学堂在全国范围内得以推广，另一方面使农村的教育水平下降，第三方面因没有建立新的选官制度，中国又回到了主观选官的时代，腐败滋生，读书人找不到实现抱负的路径，走向了革命的道路。孙中山在日本成立同盟会，出版《民报》，在发刊词中，孙中山首次提出"民族、民权、民生"三民主义。邓实、黄节等在上海出版《国粹学报》，在创刊号提出了革命、共和、平等、人权、自由、民约等观念，提出以极端的方式推翻两千年的君主专制，建立共和民主国家。

1905年，注定要成为清朝统治者深刻铭记的一年，日俄战争结束、抵制美货运动、废科举兴学校、同盟会成立……这些看似相互独立的事件，或多或少、或直接或间接地拉开了晚清筹备立宪的序幕，为寻求治国良方，清廷特派载泽、戴鸿慈、端方、尚其亨、李盛铎五大臣出洋，分赴东西洋各国考求一切政治，以期择善而从。五大臣分两路从上海出发，浩浩荡荡，从欧洲到美洲，行程半年，清帝国终于开始尝试对君主专制进行改革，这在中国历史上具有划时代的意义。

不，1905年其实并不是那么遥远。1905年（即清光绪三十一年）6月13日，烟霭朦郁，余本出生在广东省台山县高阳村一个旅美华侨工人家庭。这一年出生的有冼星海，他只比余本大一天；有埃德加·斯诺，他1928年到中国，曾任欧美几家报社驻华记者、通讯员；有亚洲球王李惠堂，他是中国足球第一人。凡是诞生在1905年的人，命中注定要经历许多波折，看到许多革命、许多战争，在朝代更迭中成长。

余本的出生地台山位于珠江三角洲的西南部，距离广州和香港不到300公里。和其他许多开放口岸的卫星县城一样，台山自清末民初以来，一直是移民风潮盛行的地方，而其中又以移居北美洲为最多，早期北美地区的华人移民几乎和台山人画上等号。

余靖后裔衍台山

台山、开平一带余氏家族历来尊余靖为一世祖。余靖（1000—1064），广东韶关曲江人，北宋名臣，著名政治家、外交家、

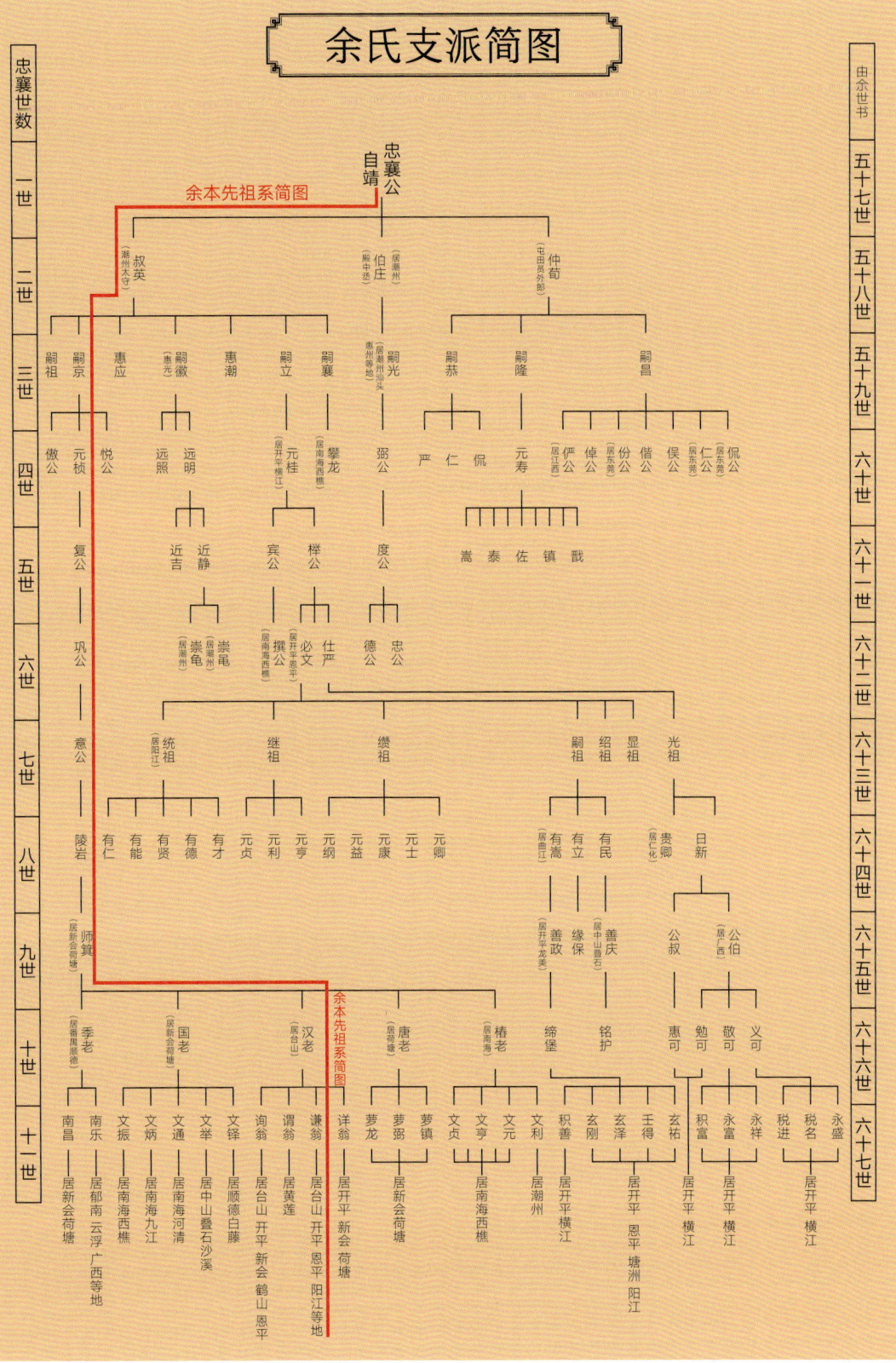

思想家和文学家。他25岁入仕,从政期间撰写《从政六箴》,以"清""公""勤""明""和""慎"六字箴言为座右铭,三使契丹,两平蛮寇,一生为国家竭智尽忠,建策匡时,抚民治吏,与范仲淹、欧阳修、尹洙被尊为北宋"四贤",从政41年,官至工部尚书,卒后赠刑部尚书,谥"襄",后人尊称他为"忠襄公"。

据不完全统计,余靖的后裔有100万人左右,遍布世界各地。南宋绍定元年(1228年),余靖九世孙余师箕携五子汉老、唐老、国老、椿老、季老(合称五老)由韶关移居新会荷塘南村。

余绍贤堂十世祖汉老,为宋金紫光禄大夫,妣甄黄氏,宋诰封一品夫人。800年前崖门海战期间,汉老五兄弟接受朝廷密旨,率领义军抵抗元军,组织后方为宋军补给粮草。道光年间《新宁县志》人物传中有记载:"余汉老,字服休,德行都人,宋名贤余襄公十世孙也,宋末由韶州之广州,居宁阳,卒葬儒林里虎山。子孙坿山而居,儒林之派衍亦足见襄公德泽贻流之远云。"

从十世祖汉老公开枝,是台山、开平余氏开大族之源。汉老有四子,即谦翁、谓翁、详翁、询翁。其中谦翁和询翁随汉老迁居台山里边村,子孙在里边一带开枝散叶,繁衍生息,其中移居海外,向港澳台地区以及美国、加拿大、东南亚等地发展的更不计其数,其根都在里边乡。据考,余本家族为谦翁一脉之后,祖辈为该枝的十三世,尚存墓碑于村附近山岭之中。

余本家所在的里边乡高阳村,村子不大,只有二十多座房子,呈七排四列,青砖黛瓦,整齐划一,有十来二十户人家,村头一棵大榕树,村边有水井、鱼塘、晒谷场,整个村落被稻田、竹林、树木围绕,安静、祥和、满眼翠绿。如今这村子仅剩五户人家,其他均已移居外地,人们只能从房子的设计及排列来想象当年的热闹与丰足。

余本的父辈

余本的曾祖父叫余协锯,祖父叫余珍和,父亲叫余庭礼,余本原名余建本,号道庆,家乡族人分猪肉的时候,乡里人都叫他道庆。中国

70%～80%的人口从事农业,余本的祖父余珍和也是务农出身,因乡间生计艰难,早年去了美洲,先是在墨西哥找活路,随后转到美国做厨工,能说一口流利的英语,为人仗义疏财,之后他把儿子余庭礼也带到了美国。对华人而言,此时的美国既是天堂,也是地狱!因为来自世界各国的移民,仍然相信美国开国之父华盛顿的名言:美国敞开胸怀,不仅欢

1.余本父亲照片

2.余本母亲照片

3..高阳村

1. 余本故居祖先牌位

迎富有而体面的异乡来客,也欢迎来自世界各国和各种宗教的被压迫、被迫害的人士;如果他们行为正派得体,值得享受我们所有的权利与优惠,我们将欢迎他们前来共享。

1903年2月至10月,梁启超到加拿大、美国考察,回来整理出版了《新大陆游记》。他写道:美国华人做"厨工最上者每月可得美金七八十元,最下者十余元耳。洗衣工工价甚微,大约每月美金十余元。以祖国数万里膏腴之地,而使我民无所得食,乃至投如许重金以糊口于外,以受他族之牛马奴隶,谁之过欤"![1]余珍和、余庭礼父子在美国的生活略见一斑。

祖父余珍和随后移居香港,继续从事餐饮工作,开了一家名叫"阿臣面包"的面包店,在当地很有名气。他做的面包松软香甜,远近闻名,在余本童年的记忆中成为最香甜诱人的念想。余本回忆起童年的情

---

[1] 梁启超:《新大陆游记》,商务印书馆,2014年版,第10页、14页。

景,包括小时候的调皮、挨祖父的训斥等等这些常使他忍不住笑出声来。1912年余本7岁,2月清朝隆裕太后代宣统皇帝溥仪颁布退位诏书,中国两千多年的君主专制制度宣告结束。孙中山在南京宣誓就任临时大总统,改国号为"中华民国",全国改用阳历。余本说:"父亲随祖父去了美国找生活,我在里边乡读小学,美术老师余清光是家传画人物肖像画的,我受他的影响,爱上了画画。那时我是画得好的学生中的一个。"这位余清光老师后来去了广州,在广州市设计院任建筑师。余本的儿子余锦森回忆:"听乡下的老辈人说,我父亲小时候就很喜欢画画,而且画得不错。我们家在乡下不算穷,因为有侨汇。父亲喜欢在纸上画公仔,也喜欢用碎砖在地上画画。有几张画,别人说是他在乡下时画的,例如我外婆的肖像和我爷爷的肖像,外婆的肖像至今仍挂在我母亲的老屋。"

余庭礼随后也从美国回到乡下台山。在新昌埠东河与华侨数人合伙开木材店,铺名"建兴和",略有积蓄并购地几分,建青砖瓦房两间,因自家从事木材生意,故余家的房子用的都是上好的木料,用坤甸做梁、做窗、做门,百年过后至今完好。1939年余庭礼去世,建兴和倒闭。余本的母亲陈月仙,出身农民家庭,婚后与台山大多数女性一样,留守家中操持家务,生儿育女,1958年去世。余锦森说:"父母亲各有两间祖屋,保存得依然完整、结实、漂亮。我母亲两间祖屋是同一排隔开的两间,用很漂亮的青砖建成,我父亲的两间是一前一后,从这些房子的布局可以看到村子的发展痕迹。"

余本有一姐一弟,姐姐余丹凤,早年嫁给美国华侨邝乃庚,姐夫在台山乡间购置大量田地,建有高堂华屋。邝乃庚去世后,余丹凤和儿子移居美国。弟弟余建祥,号达庆。天资聪慧,早年在南京金陵大学学化学,1949年前后去了台湾,随后移居美国西雅图,在华盛顿大学任教,原配夫人留在台山乡下守候终生。

童年生活快乐而奇妙,那片宽敞的晒谷场、那株浓荫覆盖的大榕树、那一丛丛茂盛的翠竹、那口清澈甘甜的井水,见证了余本无忧无虑的童年时光,也承载着余本童年的梦想和期盼,在母亲慈爱的怀抱中,在父亲严厉的管教下,余本在懵懵懂懂之中读完了小学,而家族出洋求发展、求钱财的传统理念也一直环绕在他的周边。

2 少年·出洋

Adolescence · Going Abroad

    1840年鸦片战争以后,特别是经历了1894年的"甲午"和1900年的"庚子"赔款后,苦难的中国百业凋零,靠海居住的困苦的农民和手工业者,得地利之便,为了生存,毅然漂洋过海,放逐生命的同时也放逐梦想。同时,西方国家为开发殖民地,需要大量廉价劳工,在中国东南沿海包括广东台山等地招揽了大批华工。从19世纪50年代开始,平均每年有10万华工被贩运到世界各地,形成大规模的移民浪潮,正所谓有海水的地方就有华侨的身影。其实唐、宋以后,中国人便多有移居海外,故华侨至今还自称"唐人",称家乡为"唐山",称海外的聚居区为"唐人街"。中国人的伦理历来重家族观念而轻公共义务,白人社区对华人所采取的排斥立场,使唐人街成为华人共同的堡垒。

    19世纪80年代加拿大修建太平洋铁路时期,是继淘金潮之后,华人进入加拿大的第二次高潮,华工的大量涌入,引起加拿大白人劳工的恐惧和不满,加上白人对华人的偏见和歧视,引发了排华风潮。太平洋铁路完工之后,为筑路而设的许多服务行业相继停业,华工旋即失去工作。为限制华人进入,加拿大政府以重税限制华人入境[1],但若以学生身份入境,到加拿大读一年书后,便可将人头税取回来。当时华工在加拿大挣的工钱是在中国挣的10到20倍。因此,尽管加拿大政府要征收人头税,而且人头税已经高达500加元,不少华人还是拼命存钱或向亲友借钱,到加拿大寻找生活的新希望。

    追逐梦想的华人乘船沿赤道暖流,从菲律宾经台湾海峡从东南流向

---

[1] 黎全恩、丁果、贾葆蘅著:《加拿大华侨移民史》,人民出版社,2013年版。

东北，经琉球、日本各岛、夏威夷，从北太平洋航行去加拿大，在温哥华岛登陆，再转火车由西往东进入内地。梁启超在《新大陆游记》中写道："舟人加拿大温哥华之岛口，两岸青山如送如迎，灌木如荠。华人之在加拿大者，生计殊窘蹙，远不逮在美国。"华人从人口分布到职业选择，从经商模式到居住习惯，都保留着原居住地的传统。从加拿大西部到东部，华人喜欢集中居住在几个大城市，整个生活网络和商业架构，都以华人社区的基本需求为主，间接延伸到白人和其他族裔的市场，由此决定了华人的主要商业活动仅在唐人街，其雇佣模式和劳资关系封闭而简单，无法与加拿大主流社会接轨。

余本在家乡念完小学，1918年堂叔余礼敦要去加拿大，同行的有与余本一起玩大的堂兄，余本想跟着堂兄一起去加拿大。获得父母同意之后，正值舞勺之年的13岁少年，与他的父辈一样，与堂兄、堂叔踏上了漫长的、跨越洲际的移民之旅。他们从台山荻海出发，坐船沿潭江到崖门，出海去香港，再从香港登上远行的客轮。在船上，他不时听到水手们哼唱那些忧伤的歌曲或从船舱飘来节奏明快的波尔卡，这些声音旋即消融于大海的静寂之中，使少年的内心充满了迷茫与孤独，也许少年人还不知道什么是乡愁，有的只是对家乡对母亲的眷念，带着这种心境，余本开始了加拿大之行，去寻找父母心中的新生活。

西方有句谚语，苹果掉落，离树不会太远。但有时却恰恰相反。生长在台山的13岁少年，手提藤箱，跟随堂叔，拔腿离开了茂盛的苹果树，漂洋出海……滚落的苹果离苹果树竟是那么遥远……余本的童年结束了，阿臣面包的香味则一直萦绕在他的梦中。

梅迪辛哈特

大海辽阔而多变。余本宛如一只离群的羔羊，与堂叔一道，日复一日地在海面上漂荡，穿过漫无边际的神秘大海。他们时而被惊涛震慑，时而被死一般的沉寂和深不可测的静谧包围，似乎没有人有闲心去聆听这些涛声与寂静。然而日复一日，余本和他的同伴们又不得不倾听着大海的述说，那些周而复始的，永恒不变的故事。在海上航行了3个月才抵达温哥华，余本和堂叔再从温哥华转火车向东走，最终停靠在中南部一个叫梅迪辛哈特的小城。

仿佛一株亚热带的小苗，余本被移植到冰天雪地的加拿大，来到一个形象、语言、饮食习惯完全不同的环境，放下行囊，他需要的是勇气和毅力。他终于看到初春的枝芽如何穿透冰层，看到大街上冰块的流动，以及人们说话时唇边的雾气。余本开始品尝到人生孤独的况味。

余本回忆说："13岁时，我小学毕业后，父亲让我跟随加拿大华侨我的族叔余礼敦往加拿大谋生。1918年我跟随他到加拿大艾伯特省（Alberta）梅迪辛哈特市（Medicine Hat），在他与我叔叔余燕礼开的洗衣馆住下，帮他们做些洗衣工作。我大概读了一年英文小学，但是我父亲不喜欢我读书，他说中国人在外国只要会讲他们的话就可以了，读书没用，总归是要用劳力来找生活的。后来我又在别的中国人开的

1

1. 梅迪辛哈特市

餐馆、在西人开的旅店、医院做洗碗洗碟及其他厨房杂活,每月工资三四十元,每天早上5点起床,一直工作到晚上8点半。因为堂叔是国民党员,我十六七岁时也加入了国民党。"华人开洗衣店,是因为洗衣店经营成本不高,同时华人大多英语不好,替白人洗衣时,只需要一两句英文便可应付。洗衣工作挣钱不多而且辛苦,单调乏味,白人多半不愿意从事这种工作,当时华工们挨家逐户上门收集换洗衣物。当年加拿大的华人人都是苦工出身,父母也只想让余本学些英语口语,便于干活挣钱,并没有在教育方面投入更多的资源。4年之后,与余本一同到加拿大的堂兄病逝,使原本伶仃的余本更加孤苦[1]。

梅迪辛哈特有平缓的大片草场,辽阔的蓝天下,呈现着恬淡平和的田园牧歌。春天多半仍会飘着湿漉漉的雪花,路边厚厚的积雪被春风渐渐融化,夏天绿意盎然,秋季昼夜温差十几摄氏度,而冬季则白雪皑皑,积雪满街。当白雪变成灰色,积雪坍塌的时候,春天来了。梅迪辛哈特的气候总让人想起我国的哈尔滨,或许还稍微暖和一些。从跨进这个城市的那一刻起,少年余本就意识到,一个人可以在这里无声无息地度过许多岁月,大概不会有谁会对一个少年的生活和前途感兴趣。这个少年对在异国生活所必需的词汇一无所知,陌生的国度、陌生的面孔、陌生的气候、陌生城市的味道……扑面而来。

街上报童叫卖着一战结束的喜讯——公理终于战胜了强权。第一次世界大战结束后,各战胜国还没来得及享受胜利的喜悦,严重的经济危机便从天而降,令人始料未及。战后萧条和经济危机一直持续到1924年。

此时,中国国内军阀混战,英国伦敦《泰晤士报》1921年11月有一篇题为《中国面临的危机:十几个敌对的政府并存》的文章。文章谈道:中国士兵们只为钱卖命,丝毫没兴趣弄明白打仗的原因。中国陷入无政府状态,百姓生活困难重重。1922年罗素在《中国问题》中说:"中国也许可以视为一个艺术家的国度,她具有艺术家所具有的所有善恶之德:其善主要有利他人,而其恶却足以危害自己。"罗素分析道:"一、中国现在虽然政治无能,经济落后,但它的文化与我们不相上

---

[1] 1930年加拿大多伦多报刊关于余本的报道,见《永恒的朴素·余本作品及评论集》,岭南美术出版社,2017年版,第7页。

1

1.余本自传手迹（一）

下，其中有些是世界所急需的，而我们却大有将它毁坏的危险。二、世界列强大多以中国人管理不善为借口而大肆侮辱中国，但其实唯一的原因是由于中国海陆军力量的薄弱。三、世界列强中，与中国最友好的是美国，最不友好的是日本。四、中国如果不变为尚武的国家或者列强不变为社会主义国家，那么中国的经济难免要为外人所控制，这是因为资本主义制度在本质上形成了弱肉强食的关系。"

仿佛置身在一个小小的孤岛，余本和其他华侨一样，在拥挤和委屈中谋求生存。7年之后，余本奉父母之命，回国娶亲。他去的时候是个稚气未脱的少年，返国时是个独立、帅气的20岁青年，海浪把他送回台山，青绿的稻田和满地的黄花，被炊烟熏黑的青砖房屋……历历在目，余本即将投入母亲慈爱的怀抱，见到从未谋面的娇羞的新娘。

3 / 留学

Studying Overseas

1925年的中国局势十分混乱。一方面云南大理大地震、河北井陉煤矿大爆炸、胶济铁路工人大罢工、省港工人大罢工、"五卅血案""沙基惨案";另一方面孙中山在北京逝世,浙奉大战、广东国民革命军第二次东征、南征,陈炯明被歼,阎锡山大战樊钟秀,军阀混战、民不聊生。

"1925年我20岁,积攒了一些船费,返回台山。父亲命我与一个越南华侨的女儿陈玉珠在乡下结婚,我太太家是越南华侨,是做洋服生意的,比我家有钱。因为出口证的有效期只有两年,1926年21岁我又返回加拿大。"余本在《自传》中说。

鸦片战争后,大批华人移民海外,其中移居越南的华人迅速增加,到第一次世界大战前后10年间,在越南的华人达12万,1921年增加到19万。余锦森[①]解释说:"我母亲在越南出生和受教育,小学肯定是读过的,会讲法文和越南语。我外公是做洋服的,家里有制衣厂,母亲曾说跟她父亲去工厂玩,见到有不少工人,因为做洋服,家里与法国人很熟,其中有位法国客人,有个儿子,年龄与我母亲相仿,一起玩,还一起去学骑马,所以我母亲小时候会骑马。后期那法国人要回国,让儿子回法国接受教育,征求我外公的意见,希望带我母亲一起去法国读书,但我外公外婆不同意。所以后来我们在家里吃早餐,母亲说起这些故事,对父亲说:'如果那时跟了法国人去法国,就不认识你啦。'我父

[①] 余锦森,1939年生于香港,余本的三儿子,1956年从香港回广州读中学,毕业于华南工学院(现华南理工大学)建筑系,曾任职于广东省建筑设计院,后移居加拿大。

亲在旁边微笑不语。台山人的传统是，出国打工，赚美金，然后回来娶老婆，造大屋。"说起母亲，余锦森的脸上总洋溢着温柔的笑意。

余本回台山与华侨姑娘陈玉珠结婚并生育了第一个儿子余锦臻之后，便匆匆踏上归途。1926年，当余本再次登上前往加拿大的海轮时，他的身份已经从一个单身华工，变成了丈夫和父亲，他必须为身材娇小的妻子和幼小的儿子的未来重新规划人生，对自己对家人负起全部的责任。蔚蓝的海面与天空一望无际，天上耀眼的白云静静地陪伴着远行的青年。落日将天际映照得绚烂夺目，在不知不觉中幻化成橙红、淡紫，最终被蓝黛的烟雾笼罩，海面银光闪耀……

温尼伯

从温哥华下船坐火车由西往东，但这次余本没有回到艾伯特省的梅

1.余本自传手迹（二）

2.1928年余本摄于加拿大

3.岳母
1929年
油彩布本
77.3cm × 63.5cm

迪辛哈特，而是继续往东，来到马尼托巴省（Manitoba）的温尼伯市（Winnipeg）。温尼伯的天气比梅迪辛哈特更为寒冷，只有五个月气温在零度以上，秋天地上飘着冻僵的落叶，冬天则笼罩在铅灰色的穹隆之下长达半年之久，1月的气温甚至低至-23℃，气候近似我国黑龙江黑河市。它令人想念南方，想念香港，想念台山。

20世纪20—30年代，加拿大华人每月平均生活费为20～30加元，洗衣工和店员每月工资在40～100元之间，侍应生及洗碗工为20～30元。余本说："这时堂叔余礼敦在马尼托巴省的温尼伯市开了一间餐馆，我在他的餐馆做送餐工作，做了一年餐馆工作，每月工资60～70元。大概1927年祖国国民党宁汉分裂①，堂叔认为这是国民党内部争权夺利，我跟着他退出了国民党。此后我没有参加过任何党派，我不懂什么政治

---

① 1927年国民政府北伐期间，因容共的问题造成国民党内部分裂。在南京的蒋介石与在武汉的汪精卫各执一词，各自为政，史称"宁汉分裂"。

的。"身处海外的余本大概不知道，此时国内局势颇不安宁，日本出兵青岛，王国维自沉昆明湖，大兴号轮船在汕头海域沉没，南昌起义爆发，中国共产党建立了人民的军队。

余本说："因为离开家庭到外国谋生很苦闷，西人又看不起中国人，我想学一门专业技术，回到祖国好谋生，但是，学其他专业要先读好英文，我的英文差，虽想学自然科学也学不了。不过，我在台山读小学时，图画科是不错的，对美术有些爱好，于是我决定学习美术，因为绘画能画出来就行，对英文的要求没那么高。打工积蓄了一些钱粮之后，我辞去工作，考入温尼伯美术学校，住在华人青年会，在青年会负责扫地和料理火炉等工作，免除了房租，放学时间在一间华侨开的售肉店做杂工。因为在学校成绩优良，我第二年获得了可以免费读书的奖学金。这所学校是二年制的。"

余锦森说："我爷爷把我父亲送出去时，是让他沿袭赚美金回来传

1. 学生时期习作

2. 学生时期习作

3. 自然的线条
余本 1930年
《自然的线条》曾刊登于安大略艺术学院1931年度简介

宗接代购田买地这个传统的,本来就没想让他画画,觉得没什么出息。但我父亲从小就爱画画,连我爷爷的记账本上都画了不少公仔。父亲在加拿大那边根本无心去赚钱,而是跑去学画画。爷爷知道了震怒,叫在加拿大的叔伯兄弟们都不要给我父亲钱,断绝他的生活来源。"

余本的父母希望余本学英文学经商,将来回乡置田买地,光宗耀祖。但余本却选择了画画,他与父母之间的矛盾使他付出了极大的代价。一方面他需要有坚强的意志,有对自身艺术感觉的自信;另一方面也需要亲人的理解和帮助。当受到来自父母的经济封锁时,他除了自己的努力,还得到了太太经济上的支持,但经济压力一直困扰着这位年轻的画家,这种困扰一直延续到抗日战争胜利之后才得到缓解,当然也耗尽了余本太太所有的积蓄。

余本在温尼伯碰到了同乡李秉,两人一见如故,志趣相投,钟爱艺术,一起在温尼伯艺术学校上课,一段宝贵的友谊从那时开始,延续了30多年。1929年,他们一同转去多伦多安大略省立艺术学院学习,主修油画。这年的10月美国华尔街股市崩盘,世界经济进入大萧条时期。

说起20世纪的加拿大绘画,不能不提到"七人画派",而七人画派的成员有几位是余本的老师,他们对余本艺术技法的传授以及艺术观念的形成有直接的影响。

七人画派/Group of Seven

1.七人画派成员

图片来源：见 David P. Silcox，*THE GROUP OF SEVEN and Tom Thomson*，Firefly Books Ltd,2011，P8.

这是1920年至1933年间由几位加拿大风景画家组成的一个民间组织，成员大多来自安大略省，而且在1908年曾一起为多伦多一家有名的印刷设计公司（Grip Limited）工作过，成员之间是一种兄弟般的关系。最早的成员有：富兰克林·卡尔米歇尔（Franklin Carmichael）；劳伦·斯图尔德·哈里斯（Lawren Stewart Harris）；亚历山大·扬·杰克逊（Alexander Young Jackson）；弗朗西斯·汉斯·约翰斯顿（Francis Hans Johnston）；阿瑟·利斯麦尔（Arthur Lismer）；詹姆斯·爱德华·赫维·麦克唐纳（James Edward Hervey MacDonald）；弗雷德里克·霍斯曼·瓦利（Frederick Horsman Varley）。稍后，A.J.卡森（A. J. Casson）应邀于1926年加入，埃德温·霍尔盖（Edwin Holgate）于1930年加入。1932年莱昂内尔·莱莫恩·菲茨杰拉德（Lionel LeMoine FitzGerald）加入。另有两位与画派

有重要关系的是托马斯·约翰·汤姆森（Thomas John Thomson，1877—1917）和艾米丽·卡尔（Emily Carr，1871—1945）。汤姆森虽然在七人画派组成之前已去世，但他对七人画派有着非同寻常的影响。劳伦·哈里斯在《七人画派的故事》（*The Story of the Group of Seven*）中写道：汤姆森在我们还没有给它起名字的时候就已是这个运动（指七人画派倡导的全国性运动）的一部分了。汤姆森的《西风》（*The West Wind*）和《杰克松》（*The Jack Pine*）被认为是七人画派标志性作品。艾米丽·卡尔虽然从没成为画派的正式成员，但与画派有着紧密的关系。

这个非正式的组织在第一次世界大战期间短暂分离，杰克逊和瓦利成为官方战地画家。1917年，汤姆森的突然去世让这个组织蒙受损失。战后，原始成员中的七人团聚。他们继续在安大略省一带游历、作画，磨炼绘画技巧。1919年，他们决定组成一个团体，目的是探讨加拿大风景画，发展当时还未形成的独特的加拿大风格，促进本国现代艺术的发展，并开始自称为"七人画派"。没有人知道是谁先用"七人画派"这个名字，但普遍认为是由哈里斯开始的。经由时任国家艺术博物馆馆长埃瑞克·布朗（Eric Brown）的帮助，1920年他们举办了第一次画展，哈里斯以宣言的形式为画展撰写了前言。

从此七人画派以加拿大风景画和他们倡导的加拿大第一次全国性艺术运动而知名，他们认为艺术对一个国家在国际上的声望至关重要，相信通过直接与大自然接触，加拿大画家可以形成自己独特的风格，以此抵抗欧洲风景画传统。他们常常在多伦多艺术文学俱乐部聚会，探讨艺术观点和分享他们的作品。七人画派的经济支持来自哈里斯继承的一笔遗产，以及多伦多大学药理学和眼科学教授詹姆斯·麦克勒姆医生（Dr. James MacCallum）的捐献。哈里斯和麦克勒姆于1914年合建了一座房子，作为画家画室、画派成员聚会和为新加拿大艺术运动工作之用。麦克勒姆在乔治亚湾（Georgian Bay）有土地，汤姆森在阿尔贡金公园（Algonqin Park）任向导。这两处成为他们游历与灵感生发之地。

七人画派的成员有三位在安大略省立美术学院任职，其中赫维·麦克唐纳是该校院长。

到了1931年底，七人画派的影响力已非常广泛。1932年麦克唐纳去世，七人画派宣布解散，被一个新的组织"加拿大画家群（Canadian Group of Painters）"取而代之，这个新组织基本上囊括了加拿大主要的知名画家。

1929年10月，余本从温尼伯艺术学校转入多伦多安大略省立艺术学院（Ontario College of Art），直接入读三年级，从温尼伯艺术学校到安大略艺术学院，余本受到加拿大七人画派中的几位著名画家的指导和影响。他们是莱昂内尔·莱莫恩·菲茨杰拉德、比蒂（J.W.Beatty）、麦克唐纳。

莱昂内尔·莱莫恩·菲茨杰拉德
（1890—1956）

余本在温尼伯艺术学校读书，其中一位重要的老师是莱昂内尔·莱莫恩·菲茨杰拉德。菲茨杰拉德的祖辈是爱尔兰人，父亲在西印度群岛出生，在加拿大的魁北克省长大。母亲的家族来自英国，在加拿大马尼托巴省一个山村定居。菲茨杰拉德和他哥哥童年就是在外祖母的农场里度过夏天的。

菲茨杰拉德14岁离开了学校，这在当时那些并不指望孩子读大学的

|1|2|

1.莱昂内尔·莱莫恩·菲茨杰拉德
图片来源https://en.wikipedia.org/wiki/Lionel_LeMoine_FitzGerald

2.马铃薯地
菲茨杰拉德 1925
《马铃薯地》见 David P. Silcox，*THE GROUP OF SEVEN and Tom Thomson*，P353.

家庭来说并不罕见。离开学校后，他在一间药店工作，但这份工作不能使他满足。他总想画点什么，于是，找来笔、纸和橡皮擦开始画画。他的第一次写生是画一棵巨大的榆树。他想，也许在乡村里行走和画画一样具有吸引力。

他用约翰·罗斯金（John Ruskin）1857年出版的《绘画的元素》作为自学教材，报读了冬季夜校美术班。他说："到现在我还在怀疑我是怎么在那么短的时间学到那么多东西。"为了养家糊口，他从事过多种与美术有关的工作，包括橱窗布置、室内设计、戏剧布景设计等等。1913年，他参加了加拿大皇家学院画展Royal Canadian Academy（Montreal）；1918年，他的作品《晚秋·马尼托巴》（*Late Fall, Manitoba*）被加拿大国家艺术博物馆购藏，1921年举办了第一次个人画展。

1921—1922年，他到著名的纽约艺术学生联盟（Art Students League of New York）进修。1924年，菲茨杰拉德开始在温尼伯艺术学校（Winnipeg School of Art）任教。1929年升任该校校长，在位18年。1930年他和加拿大七人画派合办了两次画展。1931年，七人画派中的麦克唐纳去世，菲茨杰拉德被邀加入七人画派。他的作品取材于身边的景致与事物，创作包括油画、水彩、素描、版画和雕塑。1931年创作的《斯奈德医生的房子》（*Doc Snyder's House*）被公认是他最重要和最具代表性的作品。1956年菲茨杰拉德在温尼伯去世，享年66岁。他的骨灰撒在马尼托巴的大地之上。

约翰·威廉·比蒂
（1869—1941）

比蒂是新加拿大艺术运动的先驱之一，这个运动导致了1920年七人画派的产生。1869年比蒂生于多伦多。1900年在法国巴黎著名的私立艺术学校朱利安学院（Academie Julian）学习。1906年至1909年他游历了整个欧洲，并带回为数不少的表现丹麦农民生活的画作。

1900年初期，以阿尔贡金省立公园（Algonquin Provincial Park）

为绘画主题成为加拿大画家的风气。比蒂回国后也去了该公园。1910年，他画了《北方傍晚的云》（*The Evening Cloud of the Northland*）。他觉得这幅画比他之前的作品《一个丹麦农民》（*A Dutch Peasant*）更能表现加拿大，而后者已被国家艺术馆收藏。于是他请求以前者换掉后者，他的理由是：我是一个加拿大人，我更愿意用表现加拿大的作品来代表我。《北方傍晚的云》被收藏于加拿大国家艺术馆。他的艺术风格和艺术理念对七人画派有极大影响。1917年，他作为战地画家参加了加拿大远征军（The Canadian Expeditionary Force）上了前线。1930年间他任教于多伦多安大略省立艺术学院，任绘画及油画学系主任。此时余本就读该系。

詹姆斯·爱德华·赫维·麦克唐纳
（1873—1932）

麦克唐纳是七人画派的开创者之一。生于英格兰的达勒姆（Durham），母亲是英国人，父亲是加拿大人。14岁时，麦克唐纳随全家移居安大略的汉密尔顿（Hamilton），并在汉密尔顿学习艺术，师从约翰·爱尔兰（John Ireland）和亚瑟·赫明（Arthur Heming）。

1889年他到多伦多学习商业美术，并成为多伦多艺术学生联盟的活跃分子。1895年成为商业艺术设计师。1907年在Grip公司任主设计师。1911年携妻儿定居安大略的万锦（Thornhill）。以风景画家身份谋生。1911年11月，他在多伦多艺术与文学俱乐部（Arts and Letters Club of Toronto）展示了他的作品。

1913年1月，他和哈里斯到纽约水牛城（Buffalo）奥尔布莱特艺术画廊（Albright Art Gallery）参观"斯堪的纳维亚印象派风景画展"（Scandinavian Impressionist Landscape paintings）。两位艺术家认为无拘束的斯堪的纳维亚印象派风景画风格，可被加拿大画家借鉴，创出独具加拿大特色的风景画。稍后，多伦多一些志同道合的画家开始聚集在麦克唐纳和哈里斯周围。

1918年秋，麦克唐纳和哈尔斯以及那些对加拿大新画风有兴趣的画家一起，到苏必利尔湖以北的阿尔戈马地区（Algoma district north of Lake Superior）游历。他们乘坐火车的货车厢旅行，每次旅行时间持续三四周，当来到他们可以速写的地方时，货车车厢就被放在铁轨旁，几天后又接驳上火车前往另一个新的地方。在每一处景点他们或乘独木舟到周边的湖泊，或乘手摇车沿铁路线而行。接下来的几个秋季，他们都回到这个地区。这些游历使麦克唐纳创作了一批优秀的作品，包括《雾的幻想》（Mist Fantasy）、《沙河》（Sand River）、《阿尔戈马》（Algoma）以及《庄严的土地》（The Solemn Land）。从1924年开始，

1	2
3	4

1.约翰·威廉·比蒂
图片来源：https://www.mayberryfineart.com/artists/john_william_beatty

2.阿尔贡公园之秋
比蒂 1915
图片来源：https://www.mayberryfineart.com/artists/john_william_beatty

3.詹姆斯·爱德华·赫维·麦克唐纳
图片来源：https://en.wikipedia.org/wiki/J_E_H_MacDonald

4.沉睡的田野
麦克唐纳 1915年
图片来源：David P.Silcox,
THE GROUP OF SEVEN and Tom Thomson，P154.

每年夏天麦克唐纳到加拿大落基山脉游历并写生,与此同时,七人画派那些年轻的画家开始以更抽象的方式作画,麦克唐纳与他们产生了距离。时至今日,麦克唐纳的艺术作品仍被加拿大人推崇。一位评论家写道:没有一个加拿大风景画家比J. E. H.麦克唐纳对色彩和颜料有更丰富的掌握。他的画风严谨和充满活力。

从1928年开始到1932年,麦克唐纳任安大略艺术学院院长,同时任该院平面与商业艺术系主任。他的画作逐渐减少。他在安大略沃恩(Vaughan)的故居和占地4英亩的花园现为沃恩市政府财产,修缮后已向大众开放。1973年6月8日,加拿大邮政发布了一枚以麦克唐纳的画作《雾的幻想》为基础修改而成的邮票。

王璜生认为:七人画派所提出的要创造具有"加拿大精神"的作品,探索加拿大独特之美的艺术主张及精神,直接影响了余本的艺术思路。余本曾一再表示:"我的目的就是以在西方所学的方法写中国的风土人情,希望艺术对表现中国的风土人情有些贡献。"余本的艺术生涯也正是这样,没有豪言壮语,没有过分地宣示责任感和使命感,他默默地、朴实地创造了具有中国精神的独特之美。

安大略艺术学院

安大略艺术学院成立于1876年,原名安大略艺术与工业设计中心学校,1912年改为现名。学校提出的口号是"若我们没有加拿大本土的艺术,便说不上真正拥有自己的国家"。学院的目标的是:1. 对学生进行美术培训,包括绘画、油画、设计、模型与雕塑,同时进行贸易与制造业中应用艺术的培训;2. 美术及应用艺术教师培训。

学院每年10月5日开学,学费为80美元一年,学生会费1美元。每天上午9点至下午4:30为上课时间,星期六上午9点至12点上课。学制四年:第一年为通识课,即对学生进行为期一年的艺术基础的全面训练,接下来三年为专修课程。学院称:"尽管我们重视艺术训练中的审美环节,但同时也对工商业发展的所有艺术实践环节保持密切联系。本学院委员会渴望在加拿大发展出一种适合国家需要的艺术理想及表达能

1. 多伦多安大略艺术学院
2. 1929年的安大略艺术学院师生合影
3. 合影局部

力。"学生必须在三年中完成专业学习。

余本回忆道:"我在温尼伯读了两年,毕业后,我再到安大略省立艺术学院深造三年。当时学院要求报读学生一定要有中学毕业证书,但是我没有,我就说是在中国的中学毕业的,他们也不追究了。我转到多伦多市的安大略省立美术学院,这时学费和生活费没有着落,幸得同学关树榕介绍,到他堂兄弟开的餐馆打工,半工半读,每天4点起床开火做早餐,然后去上学,放学后回来做送餐(现称传菜式服务员)及洗碗碟等,在放假时间则整个假期在餐馆做全日工,从来没有享受过放假的乐趣。我在学校期间认识的同学有梁竹亭、李毓棠、李秉等。"余本从温尼伯艺术学校转学过来,直接入读三年级。所修课程包括:古典绘画、静物绘画、着衣人体绘画、裸体人物绘画,动物研究,风景绘画,绘画与油画材料,构图与着色,壁画,解剖与透视,艺术史,图形处理、工艺美术的制作与应用等等。

安大略艺术学院建于老城区,这所建在格兰杰公园的教学楼楼高两层,由安大略省政府1920年出资兴建,邻近多伦多艺术博物馆。在校学生获得到皇家安大略博物馆学习的特权,博物馆藏有古典艺术以及中国艺术品,帮助学生提高鉴赏能力并积累艺术形式与观念的各种经验。

每年度举办的重要艺术活动包括学院化装舞会,由学生自行组织实施，按照所选历史时期装饰场地并设计服装，所进行的工作被当作班级在设计、颜色、墙壁装饰及应用艺术方面的实践。学生多选择比较有代表性，包括：中世纪、加拿大早期、意大利文艺复兴、旧俄罗斯盛会、亚瑟王宫廷以及古墨西哥时期。1930年余本、李秉、胡炳堃也兴致勃勃地参加了化装舞会。

从《安大略艺术学院1930—1931年内容简介》可知，1930—1931年，余本读大学三年级白天课程班，除了获得奖学金之外，在写生、构图、图形与商业艺术方面都获得奖励，静物获得特别表扬奖，他的作品代表绘画系在学院毕业年度展中展出。而给他提供三年级奖学金的是邓洛普夫人（D.A.Dunlap）。

余本学习期间已显示出独到的创作能力，在学期间创作的《东方音乐》（*Eastern Music*）、《月琴》（*Night Melody*）、《希望》（*Hope*）等油画作品，分别入选安大略省艺术家协会展览（Ontario Society of Exhibition）、渥太华加拿大皇家艺术家画展（Royal Canadaian Artist Exhibition, Ottawa）、多伦多国际展览（International Exhibition, Toronto），其中《东方音乐》四年间展出了三次，当年华人画家的

1. 1930年参加化装舞会
左起：胡炳垒、余本、李秉

2. 1932年加拿大报纸资料

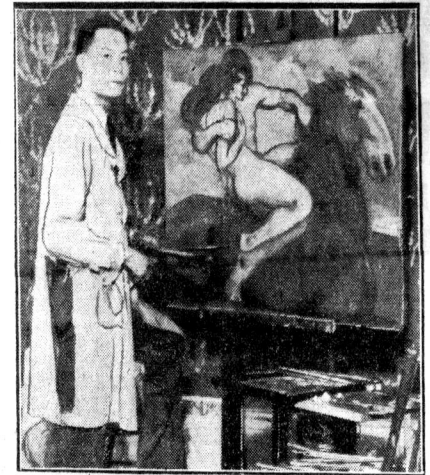

作品进入加拿大国家美术馆，获此殊荣的仅他一位。当地报纸为之进行了特别报道，题目是"Young Chinese Artist 'Glad' Picture in National Gallery"（华裔青年艺术家作品荣登国家艺术馆令人振奋）文章提到：能够获得加拿大顶尖艺术馆的赏识，确是这位青涩可爱的年轻画家期待已久的事，他知道距离成功还有一段漫长的道路，但这一步也加强了他实现梦想——糅合东西方艺术的决心。

余锦森说："父亲的作品中，渔民、苦力这类形象很多，不是因为好卖，而是因为他比较熟悉这个阶层，例如那幅著名的《奏出人间的辛酸》①，拉琴者是一个从台山去加拿大的乡亲，白天在餐馆洗碗碟，晚上没什么娱乐，就拉琴，反映了一种生活状态。"

生活在工业文明时代的余本从身边的华工身上发现了那种纯朴坚韧的美感。虽受生活环境的重压，但生活中的乐趣无处不在，华工用二胡拉出的旋律也许是柔美的、不骄不躁的、恬淡的、清冷的、如泣如诉的……也

---

① 即《东方音乐》（Eastern Music）。

1	3
2	

1.东方音乐

1931年

油彩布本

69cm×72cm

2.月琴

1931年

油彩布本

51cm×61cm

3.余本自传手稿（三）

许异乡人的乡愁借着两条琴弦或低沉或高亮的音色抒发了内心的孤苦、无助与期盼。诚然,画家以视觉感受世界,但余本感受世界的方式除了视觉还有听觉。在加拿大的华工面目是模糊的,也许可以闻到他身上的体味,看到他的身姿,却看不清他的五官,有的只是模糊的面孔。

余本解释说:"这些都是我在加拿大时期的作品,我所画的都是我所见到的,所熟悉的生活。我觉得一个画家应该画他熟悉的生活,反映他对绘画对象热爱的感情,而不是凭空虚构,或者硬去画不属于他的阶层的东西,那只能成为一种装饰品,而不能成为一件有感情的艺术品。假如要我去画一些表面上富丽堂皇的事物,我是不行的,没有那种感情。"余本笔下的华工形象使加拿大艺术界和观众为之震撼。他让观众看到了那些漂洋过海的游子所遭遇过的曲折蜿蜒的人生,看到了年轻画家内心的坚毅与仁爱。海外华工坚忍的性格经得起等待,中国人的生活方式已沿袭千年。

"在这三年中,我只交了第一年的学费,就因成绩优异而得奖学金,免费读完了两年课程。但是生活费还得自己解决,所以始终是半工半读。"余本说。

罗素在《中国问题》中写道:"中国人,从上层社会到底层百姓,都有一种冷静安详的尊严,即使接受了欧洲的教育也不会毁掉。无论个人还是国家,他们都不自我肯定,他们的骄傲过于深厚,无须自我肯定。尽可能多地享受自然环境之美。"

1930年《醒华日报》报道:"都城^①美术学院,为全加美术学校之最完备者,华学生之肄业其中者凡十余人。加中加西华学生之习美术者,皆负笈远集于斯,查美术学生之最高级者李秉权^②、胡炳堃、余本

---

① 都城:粤语对多伦多的简称。
② 李秉权与李秉系同一人。

1. 安大略艺术学院简介（1930—1931）

2. 1929—1930年三年级学习报告书

3. 岳父
1934年
油彩布本
61cm×51cm

4. 芭蕾舞者
1933年
油彩布本
88cm×68cm

三名。此次各生以其在学校所得之成绩品，特由星期五起，在大学街中华青年会之大堂陈列，以供中西人士之观览，闻其陈列各油画中，有余本君所绘之《孙中山先生遗像》形神兼备。某君拟出资买之，借致敬开国元勋之意。又各学生多为半工读者，愿将各画之一部分卖出，博些收入，以资学费云。"

1931年多伦多报纸报道以"首位华人画家创佳绩，期待实现更大的梦想"为标题，介绍了余本的作品和状态。文章提到："26岁的加拿大华人艺术家在他简陋的工作室摆满了完成和未完成的作品，因为他的作品在渥太华国家美术馆展出，他已踏出了梦想的重要一步……对于成为首位在著名美术馆展出作品的华人画家，余本谨以谦虚的微笑回应祝贺。"[1]

陈继春[2]认为："余本1931年毕业，获A.O.C.A学位。根据安大略

---

[1] 见《永恒的朴素》，岭南美术出版社，2017年版，第8页。
[2] 陈继春（1966— ）生于广东中山。毕业于暨南大学商业经济系，南京师范大学美术学院美术学硕士，现任澳门艺术博物馆馆长。

艺术学院的组织法,学院可以发出职业证照,以及《安大略艺术学院荣誉证书》(Dilploma of Associate of the Ontario Collge of Art),而持有者可以在其名字后缀A.O.C.A。也就是说,余本是获荣誉学士学位。"

在安大略艺术学院毕业之后,余本留校一年做研究。1932年1月22日,《渥太华日报》(*The Ottawa Journal*)报道:余本,26岁,多伦多人,因具有卓越才华而成为被接纳于渥太华国家艺术画廊(The National Art Gallery)展出作品的第一位中国人。其出生于广东,13岁时来到加拿大,并于温尼伯美术学校学习了两年,之后移居多伦多,就读于安大略艺术学院,并以优异成绩毕业,目前正于同一机构进行学位后研究。余本先生的多幅作品入选加拿大国家展览会(又译加拿大博览会,The Canadian National Exhibition)及安大略艺术家协会(The Ontario Society of Artist Exhibitioon)的展览。他希望有一天前去中国绘画东方的生活,然后返回加拿大生活和定居。相片为余本于杰拉德西街19号自己的画室内绘画作品。①

为了寻找余本的足迹，2017年6月，居住在多伦多的何山先生使用Google Maps领着我在多伦多杰拉德西街试图寻找19号，但整条街并没有19号的门牌，只找到杰拉德西街1号，那是一座建于1931年的西式建筑，目前是银行大厦。从报纸图片可见余本当年的状态，画室有正在绘制的作品，表现的是马背上裸体的男女，风格写实，构图饱满。照片里的余本，高大英俊，意气风发，眼神坚定。置身异邦的人对祖国的感情是强烈的，他们能远距离地看清许多东西，遥想着祖国的阳光、炊烟与土地的味道。

关于指导老师，余锦森说："余本后来多次说明，院长J.E.H.麦克唐纳并没有亲自教授具体画法，但多次带领余本及其同学参观画展，到他的画室讲评自己的画作。"温尼伯艺术学校的菲茨杰拉德，以及安大略艺术学院的比蒂及J.E.H.麦克唐纳，构成了余本艺术理念与绘画技巧的知识来源。整体而言，余本在加拿大所受到的美术教育、七人画派的艺术主张在他的艺术理念中是根深蒂固的，并贯穿了余本一生的创作。

由于地缘优势，近代广东是中国最早出现美术留学生的省份，这与广东华侨有极大关系。19世纪末20世纪初，美国、加拿大绘画以现实主义为主流，美术院校指导老师以及老师们的师承都以古典主义、写实主义作为研究方向，他们对学生所造成的影响深刻且深远。由此古典主义、写实主义、印象派成为广东早期赴美洲学习美术的留学生的共同基础。从19世纪末开始，广东先后有李铁夫、冯钢百、黄潮宽、李秉、余本、关金鳌、关墨园等人，远赴美国、加拿大、墨西哥、古巴等国家学习美术。余本是继李铁夫以后，最早出洋留学的画家之一，当时与他同校、同年级的中国人有李毓棠（Lee Tong）、胡炳堃（Woo Quan）。他的同乡兼好友李秉（Walter Lee Byng）比余本年长两岁，在多伦多安大略艺术学院读书时也比余本高一年级，比余本低一年级的还有李球裕（Lee Kow Yuen）。余本他们的留学经历，带有浓重的北美华人移民色彩。广东油画更成为中国油画400年发展史的滥觞。

余本结束了在安大略艺术学院三年的学习生活后，随即失业。1929

---

① 见《永恒的朴素》，岭南美术出版社，2017年版，第9页。

年至1933年正值世界经济大萧条（Great Depression）时期，安大略省1933年有三成劳动力处于失业状态，五分之一的人靠领政府救济金过活。林铨居说：1932年全球经济恐慌声中，加拿大再次因为国内的失业率，通过了史称"四三苛例"的法规以禁绝华人入境。这种强烈排华的社会氛围与经济低迷的社会现实，正是余本在加拿大的亲身经历，同时也是《东方音乐》（又译《拉琴者》）的创作背景。余本从学校毕业以后，曾饱尝失业之苦，穷得连回家的盘缠都凑不出来，只能为当地的华人餐馆画壁画以及为人画像谋求生计。

我走在余本年轻时走过的唐人街，想象着他每天上课、下课、送餐的身影。在那些镶嵌着铁轨的马路上，有轨电车在身边蜿蜒穿梭，它和头顶上蜘蛛网似的电缆承载着这座城市的甜酸苦辣，成为多伦多老城区的记忆。离安大略艺术学院不远处有一组第一次世界大战的纪念碑，纪念碑和那三只匍匐的狮子，或许还记得87年前一位年轻的华人画家匆匆奔走的身影。

当年，无论是有钱的商人还是没钱的苦力，华侨都喜欢生活在由同胞构成的亲密圈子里，他们住在多伦多，自成一统，用乡音台山话和粤语交流。在设立生活目标时，余本清楚自己只读过小学，英文底子差，唯有绘画，不需要太多语言的沟通和书写的技巧，在艺术学院，埋头读

| 1 | 2 |

1. 多伦多老城的铁轨和电线

2. 多伦多一战纪念碑

1. 安大略艺术学院校徽

2. 1930年于加拿大安大略艺术学院

书，在静物、石膏像、人体、古典主义、印象派，在图书馆、美术馆之中徜徉。这种半工半读的大学生活也使他看到了生活的希望。他面临的问题是，如何用绘画这门技艺养活自己和家人。对余本而言，加拿大是一所学校，一所优秀而且严厉的大学校，不是因为他在那里生活得清苦，而是因为加拿大让他懂得了人生的一切艰辛，也使他适应了西方的某些文化和习惯，并贯穿在他日后的生活与家教之中。

加拿大教育了余本，丰富了余本的知识与阅历，使他穷困，更使他自立。人要继续往前走，就得同昨天告别。艺术诱惑着余本，失业也困扰着余本。余本说："1931年我在艺术学院毕业，这时加拿大经济危机，我失业了五年，住在新会人薛昌开的照相馆里，有时做些散工，生活很困难，这时我太太叫我在叔叔余燕礼处借船费回祖国。"

4 香江岁月
/
Years in Hong Kong

20世纪30年代的香港，阳光普照，海碧天蓝，山脉连绵，水深港阔。世界三大天然良港之一的维多利亚港，仅次于美国旧金山和巴西里约热内卢。碧水蓝天之间中国的旧式货船、帆船、舢板，以及飘着彩旗的各式商船、军舰、运兵船相继穿梭。这是一座奇妙的城市，都市与渔村并存，带有半圆形拱券的西方古典建筑与火柴盒似的货舱栈房共处，徜徉在香港街头，既有"英皇道""公爵道""皇后大道"，也有"北京道""广东道""汉口道"，更有"摆花街""洗衣街""雀仔街"，华洋混融、文化交错。尖沙咀火车总站圆顶的白色钟楼与入夜后港岛闪耀的灯光见证了香港、九龙两岸的历史变迁，每日响起的钟声和晴朗夜空中闪烁的星星更成为香港老居民的集体记忆。正是：绿酒红灯醉昏晓，渔舟墟落立古今。香港人过着世代相传的秩序井然的生活，闲时到茶楼饮茶、聊天、读报。

1930年，世界经济危机笼罩欧美，余本在多伦多艰难度日，在安大略艺术学院比余本高一级的李秉率先来到香港寻求发展，在娱乐戏院任广告设计，在工作的地方设有画室，工余开班授徒。当时香港画家都喜欢到户外写生，在一次到深水埗郊野写生时，李秉遇到了另一位本土画家陈福善，一来二去两人成了好友，陈福善出生于南美洲巴拿马，在香港经营西药店，自小用英语交流，加上善于交际应酬，后来成为华人画家与洋人交流的桥梁。1934年陈福善加入当时唯一的西画艺术团体"香港美术会"，这是西方人的美术交流组织。二三十年代，生活在香港的西方人和华人社交圈子是分隔的，艺术界也华洋有别，香港美术会只有少数懂英语的华人会员。

定居香港

1934年余本回国,在家乡稍做休整之后,便带着太太和8岁的儿子余锦臻从台山迁往香港定居。在香港,一座房子只要能保持七八十年的寿命,就拥有了"古迹"的外貌,维港两岸,触目皆是维多利亚风格的大型建筑,对海外归来的余本来说,这是熟悉而陌生的世界,熟悉的不但是建筑,还有语言,陌生的是那些名字古怪的街道和狭小的文化环境,这是一座没有美术馆、没有博物馆、没有画廊的城市。

翌年,余本开设画室,招收学生,教授西洋画,由于学费不菲,求学者多为富家子弟。经李秉引见,余本认识了活跃在香港画坛的陈福善,再经陈福善推荐他们加入了香港美术会。三人一起参加美术会每两周一次的写生活动,一段宝贵的友谊由此展开,香港艺坛由于他们的积极参与和推动,西画活动变得热闹而活跃。余本和李秉因为同出于北美

1.尖沙咀钟楼夜景
1950年
水彩 纸本
29cm × 38cm

的学院教育体系，绘画风格十分相近，在他们的早期作品中，能看到古典主义和印象主义的影子。

在《自传》中余本写道："1935年我回到香港，这时在多伦多留学的同班同学李毓棠在昌兴轮船公司做华人经理，同学李秉在娱乐戏院工作。因为香港有熟人，我在九龙城启德机场附近的启义路租了三个单间，用于居住和做画室，鬻画授徒，这时我参加了香港美术会，但因为没有什么名气，早期生活相当困难，有时靠我太太的私己钱及变卖些首饰过活，这段时间我认识了陈福善、伍步云、徐东白、冯钢百等画家。"他的好友黄蒙田①说："他仿佛生下来就是为了艺术劳动而存在的。"

20世纪30年代，一批留学西方的中国画家相继回到香港，开创了香港油画创作的新局面。当时在香港从事美术活动的油画家主要有：李铁夫（1869年生）、黄潮宽（1890年生）、徐东白（1900年生）、李秉（1903年生）、伍步云（1904年生）、余本（1905年生）、陈福善（1905年生）、王少陵（1909年生）②。他们或在国外或在国内接受了正统训练，把专业的西方艺术语言带到了香港，传授给学生，形成香港油画发展的底色。

陈海鹰③回忆说："余本刚从加拿大归来不久，他和画家李秉在九龙启义路（今启德机场）租了二楼的两个单元，成立了画室，在那个时候，经常和他们一道切磋画艺的还有已故业余画家李毓棠及现在香港的老画家黄潮宽、陈福善等。我记得第一次会见余本的时候，是和同学伍晓明君一道到他的画室欣赏他的作品，他给我的印象是诚恳和沉着，是一个典型朴素的艺术家的个性……他不但自己制作了不少好的作品，他的热情推动了青年画家，更鼓舞了老年的画家。李铁夫先生杰作之一《冯钢百像》，就是在他的画室里完成的。""我们家那时住的房子是香港典型的唐楼，没有电梯，一个楼梯上去，一层两户，我们住在二楼，和李秉家住对门。"余锦森说。

---

① 黄蒙田（1919— ），广东台山人，原名黄草予，又名黄茅，1936年毕业于广州市立美术专科学校西洋画系。香港著名美术评论家、画家、散文家。
② 王少陵（1909—1989），广东台山人，1913年移居香港。1938年秋赴美国留学数年，以油画和水彩作品获得多个奖项。
③ 陈海鹰，原香港美术专科学校校长。

1.告劳士打行(告劳士打大厦)

2.绿衣农妇
1935年
油彩布本
76cm × 64cm

3.香港圣约翰教堂
曾一度是香港艺术展览的重要场地,无论国画还是西洋画,多在此处举办画展

　　陈福善(1905—1995),原籍广东番禺,1905年生于巴拿马,5岁随家人到香港定居。幼年在香港接受教育,擅长英文、美术、书法。1934年参加香港美术会。1935年在中环告劳士打行①举办个人画展,开香港个人画展之先河。与接受过正统美术教育的余本和李秉不同,陈福善虽然只参加过水彩函授课程,但他的个人天赋和努力,使他逐渐成为香港的知名画家。1953年设立福善画室授徒。1955年任香港美术会副会长。1960年创办华人现代艺术协会并任会长。

　　伍步云(1904—2001),生于广东台山,20世纪20年代随家人移居菲律宾马尼拉,曾入读菲律宾艺术大学,在校期间接受素描、水彩、油画技法的训练,返回香港后,以职业画家身份全心投入油画创作,1975年移居加拿大。80年代初期,曾应中国文化部和中央美术学院邀请,出任客座教授。

　　冯钢百(1884—1984),广东新会人,自幼喜欢绘画,师从袁祖述学习人像写真。曾在香港往返墨西哥的轮船上做杂工,后在墨西哥

---

①告劳士打行,又名告劳士打大厦,楼高9层,20世纪20年代曾是香港最高的建筑,1974年重建,现为置地广场的一部分。

居留,半工半读学习绘画,再从墨西哥赴美国,先后在旧金山、芝加哥、纽约以半工半读的方式继续学习美术。随著名画家罗伯特·亨利(Robert Henri, 1865—1929)学画多年,其间与李铁夫一起加入兴中会,全力支助孙中山革命。1921年回国,与胡根天创办广州美术专科学校。1949年后,任中国美协广东分会理事、省文联委员、省政协委员、广东文史馆副馆长等职。冯钢百擅长肖像画,功力深厚,画风朴实。

徐东白(1900—1989),广东东莞人,少时师从陈丘山学习水彩画。1921年加入赤社,任水彩画导师,并随冯钢百研习素描、油画。1938年任香港知用中学、知行中学图画教师。1946年任教于中山县中山纪念中学。1948年在香港设画室从事油画创作并收授学生。1956年5月参加香港文艺界回国观光团,同年12月回内地定居。1962年成为广东画院专业画家、中国美术家协会会员、广东省美术家协会理事。

初露头角

1936年10月24日"余本、李秉画展"在香港告劳士打大厦一楼举行。香港《大众日报》记者张轮在报道中写道:"在告劳士打行的第一层楼上,举行余本、李秉两位年轻画人的油彩和水彩画展。在内容技巧方面,都有良好的表现。因为这是出于中国人自己的手笔,它在取材方面也很适合我们目前中国的国情。若说艺术家们应该向着民众心脏里去,那余本和李秉两位画人的作品更配合了这种条件……这个画展的作品,共有195张,余本的作品计有65张,李秉的作品有130张,这个数量也是

1.台风到来之前
1938年
油彩布本
64cm×76cm

2.李铁夫赠余本书法
《画阁》

3.1939年李铁夫赠余本对联

很丰富的。画展的内容大概可以分为两部分：一部分是暴露贫民们贫苦交迫下挣扎的生活的作品，另一部分是抒写风景的作品。余本先生的《绿衣农妇》《月琴》《禾田》《香港夜景》《手中线》《画家冯钢百像》《祈福》，李秉的《落日》《茫茫夜》《黄昏》《进香》《街灯》《洗艇》，这些采取了现实的各种题材的作品，我相信看过的人，都会有一种感动。"

初到香港，余本一家的生活十分困难，主要靠余本太太典押、变卖首饰来维持日常开支，包括买材料、颜料，使余本能继续画画。余本坦言:"1936年到1941年在香港,初时别人不认识我,很难卖画,后来人家喜欢我的画,又有了些名气,画就卖得多了,生活也好转了。"此后,每隔一年或两年,余本便在思豪酒店或圣约翰教堂副堂举办画展,这在当时的香港画坛说得上是一件盛事。当时的香港还没有美术馆,无论油画展还是国画展都假借酒店或教堂举行。

在香港定居之后,余本结识了美术界前辈李铁夫。李铁夫原名李玉田,1869年生于广东江门市鹤山县雅瑶镇陈山村,当时已年过60,孑然一身,在土瓜湾租木屋居住,每月租金6元,每天冷水洗澡,常到九龙城的"统一茶楼"饮茶吃饭,京酱面和萝卜煮鱼为其最爱。生活隘窘,条件困乏,自然影响了画家的艺术路向和面貌。余本说20世纪30年代他的画室月租8元,但一支油画颜料的价钱可高达2元。对生活窘迫的李铁夫来说,画油画是很奢侈的事情。余本陪他到茶楼饮茶,谈画论艺。他们也常在余本画室摆上瓜果、蔬菜、鱼类写生,来余本画室的还有冯钢百,这三位早年出国留学的画家,受欧美经济萧条影响,先后回香港定居,同住九龙城区,相处甚是投缘。冯钢百深知李铁夫因经济的原因,一直未能尽情画油画,特意买了一批油画颜料,带往余本画室,自己做模特,让李铁夫和余本画肖像,于是,两幅角度略有不同的冯钢百肖像在余本的画室完成。这两件作品中,李铁夫的用笔、用色爽利而准确,余本则注重人物的内涵与画面的完整。余本敬佩李铁夫精湛的画艺,而李铁夫对余本的作品也赞许有加。他曾送余本一副对联:"外物不移方是学,俗人犹爱未为诗",这两句出自陆游的七言律诗《朝饥示子聿》:"水云深处小茅茨,雷动空肠惯忍饥。外物不移方

是学，俗人犹爱未为诗。生逢昭代虽虚过，死见先亲幸有辞。八十到头终强项，欲将衣钵付吾儿。"李铁夫摘录当中的诗句与朋友共勉，大概诗中正道出了李铁夫的际遇、性格以及追求。

余锦森说："小时候我见过李铁夫，印象是头发白白的，脾气比较差。他家门上总挂一个'私家侦探'的牌子。"

在李铁夫的《冯钢百像》这件作品面前，我一直有个疑问，作品左上角有落款：1934，L.Y.TEIN铁夫李玉田。这张作品被认定是在余本画室完成，余本同时也画了一张《画家冯钢百像》，从作品的用光和用色看，这是两位画家在同一时间同一地点以冯钢百做模特画的写生。问题是：无论是余本本人的回忆还是当时报刊的报道，余本是1935年才从加拿大回到中国，那么到底是李铁夫写错了画画的时间，还是余本记错了回国的日期？

余锦森说："应该以画的落款为准，因为1935年回国是余本30年后回忆起来的时间，而画上的签名落款是李铁夫在作画当时写上去的。所以日后我们也将以1934年初作为余本回国的时间。"

1.冯钢百像
1934年
90.5cm×71.2cm
李铁夫作

2.画家冯钢百像
1934年
114cm×83cm
余本作

3.徐悲鸿手迹

徐悲鸿在香港

余本回忆道:"1937年徐悲鸿到香港开展览会,画家王少陵介绍我们相识。徐悲鸿先生和李铁夫先生曾来参观我的画展,很喜欢我的画。后来他邀请李铁夫、王少陵和我到桂林写画,他把自己的画室借给我们住,在桂林画了一个多月,不久,日本人轰炸广州,我就赶回来,带家人离开香港。"

徐悲鸿在香港参观了余本的画展和画室,看到上百件余本的作品,赞叹道:"我以为油画在中国是个处女地,尤其是南方,想不到香港竟然有两位出色的油画家:一位是李铁夫,一位是余本。"李铁夫的技法令他倾倒,余本作品的数量令他赞叹。在写给王少陵的一封信里,徐悲鸿写道:"少陵吾兄惠鉴:别来一月近况何如?华北战云已起,全国同仇敌忾,此事或竟演成世界大战未可知也,余本先生之水彩风景及油绘静物,弟极爱之,拟购其两幅,俟下次来港,请足下同往选之……"

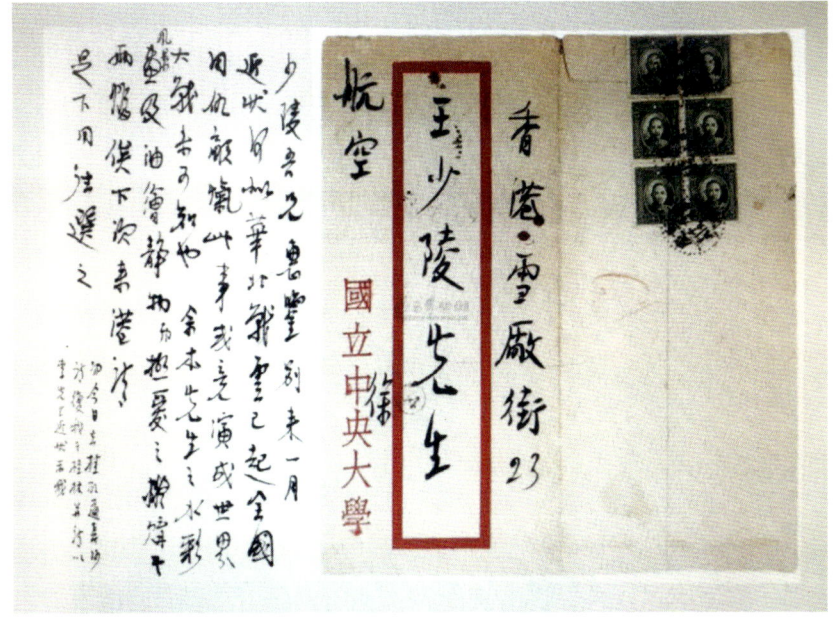

① 见《永恒的朴素》,岭南美术出版社,2017年版,第33页。

徐悲鸿盛情邀请李铁夫、余本、王少陵去桂林写生，特地委托王少陵与香港中华书局联系，取出自己的稿酬，作为邀请他们去桂林写生的路费。8月底，余本一行三人从香港出发，到了桂林，借住在漓江边阳朔县城县前街1号，这是一座三进堂的房子，白墙青瓦，清幽雅静，院内一株10多米高的玉兰树，浓荫蔽日。这房子是李宗仁1935年赠予徐悲鸿

1.徐悲鸿赠余本作品

2.1937年桂林写生

3.1937年漓江之行
左起：余本、王少陵、李铁夫

的，余本他们在此居停，饱览了漓江的青山、秀水、奇洞、美石，感受了深潭、险滩、流泉、飞瀑，余本的热情被激发，在桂林画了几幅风景作品，放在广州友人处，后因战乱而散失。回香港后，余本根据在桂林的所见、所感创作了著名的《纤夫》（中国美术馆收藏）。在抗战烽烟弥漫之际，做此桂林之游，令余本感念一生。解放初期，徐悲鸿曾邀请余本到中央美术学院任教，但因语言和生活的问题，他婉言辞谢。

1938年秋冬之际，徐悲鸿计划前往新加坡、印度，从西江到香港，因等候护照，他在香港停留了两个月，下榻跑马地山村道中华书局①经理郑健庐家。郑健庐与郑子展兄弟出自南洋显赫之家，是民国时期著名的教育家和出版人，两人与徐悲鸿均有很深的交情。王少陵也于这年的8月赴美国留学。抗战期间郑子展协助余本在澳门居留和办画展，不遗余力，令余本铭感终生。

抗日战争

1937年7月，中日战争全面爆发，大批难民从内地逃到香港，1937年至1941年4年间，香港人口由原本约100万人跃升至约160万人。香港守军仅有1万余人，军力相当薄弱。1939年9月3日，英国对纳粹德国宣战，第二次世界大战正式爆发，港督罗富国随即宣布香港进入战时状态。1940年6月，大批日军集结深圳，英军拆走通往深圳的桥梁，在港九各处兴建防空洞，实施灯火管制、粮食管制，街道堆起了沙包，设置了路障。

1941年12月7日，日本突袭美国在太平洋的海军基地珍珠港，宣告了太平洋战争的爆发。12月8日，日军首次进攻香港，轰炸启德机场，香港仅有的五架军用飞机遭彻底损毁。灯红酒绿的香港瞬间火光冲天，随处断壁残垣。12月18日，日军登陆香港岛，英军与之展开激战。1941年12月25日下午3时，守将莫德庇少将向港督杨慕琦报告英方已势穷力竭，杨慕琦送所有军政要员离开香港；下午4时，英方前线举起白旗；晚上7时在

---

①中华书局1912年由陆费逵在上海创办，1933年在香港九龙建印刷分厂，设备之新为远东第一。

1.澳门街景
1944年
油彩布本
76cm×64cm

九龙半岛酒店举行投降仪式,杨慕琦在昏暗摇曳的烛光下签署了无条件投降的降书。自此,香港正式沦陷,开始长达3年零8个月的困苦岁月。

余锦森说:"1941年日本炸香港的时候,我还是有记忆的,我们当时住在启德机场旁边,大概是现在九龙城的位置,我的印象是,日本人来的时候,外面轰炸,我们在楼梯底躲空袭,大人叫不要出声,当时我家最小的那个老四在那里一直哭闹,其实只是外面炸,日本人我没见过。后来我大哥、二哥和我三个由姑妈带回乡下,父亲、母亲带着老四去了澳门。到1946年日本投降后,我母亲到乡下接我们回香港。"

1942年1月,日军在香港设立遣返局,实施归乡政策,命令没有工作及居所的华人离开香港。余本说:"我姐姐带了我三个儿子回台山,以减轻我的负担。1943年我打算由澳门回台山,到澳门后,去台山的水路不通,我在香港时由徐悲鸿介绍认识了中华书局澳门经理郑子展,得他的帮助,我在澳门安顿下来,开画展售画及教学生。在澳门我还认识了潘鹤。"这期间不少艺术家和知识分子逃离香港,聚集澳门,当中有何香凝、梁漱溟、夏衍、郭沫若、柳亚子、蔡楚生等等。

1943年的澳门是战火中的孤岛。话说16世纪初,葡萄牙航海家抵达巴西,宣布巴西归葡萄牙所有。1820年,巴西宣布独立,但与葡萄牙仍保持密切的关系。1880年,面积达800多万平方公里的巴西仅有30万人口,劳动力严重缺乏。为开发巴西,葡萄牙与日本政府商定,每年迁移一定数量的日本人去巴西。二战爆发前夕,巴西已有300多万日本人。日本发动侵华战争后,葡萄牙向日本政府发出照会:如果日军侵占澳门,巴西将遣返全部在巴西的日本人。日本政府权衡利弊,遂没侵占澳门。由此澳门成为中立地区,成为各方人士避难的要地。在澳门暂时落脚的余本向灰蒙蒙的天空扬起宽阔的额头,生活还须继续。

1995年潘鹤①接受我的采访时说:"1939年我从香港逃难回到家乡佛山,遇到了国画家黄少强老师,因为我喜欢油画,黄少强老师告诉我香

---

① 潘鹤(1925—),广东南海人。别名潘思伟、潘志强。著名雕塑家、书画家,早年从岭南派画家学国画。后在香港、澳门等地从事肖像雕塑。1949年后入华南人民文艺学院学习。现为广州美术学院雕塑系终身教授、中国美术家协会常务理事、广东省美协名誉主席。文化部授予"首届中国美术奖终身成就奖",广东省委、省政府授予"广东省首届文艺终身成就奖"。

| 1 | 2 | 3 | 4 |

1.画家黄少强像
1938年
油彩布本
51cm × 42cm

2.黄少强

3.冯康侯为余本治印

4.邓尔疋为余本治印

港有位油画家叫余本，并拿出余本画他的肖像给我看，画面上那种近似伦勃朗的用光和用色令我十分向往和崇拜，于是我托香港的亲戚打听到余本的地址，给他写了一封信并寄上我的一幅水彩向他请教，不久就收到他的回信以及同信一起寄来的一幅水彩，这样，我和余本开始了书信往来。直到1944年我在澳门才第一次见到余本，差不多每星期都会去一次他的画室与他聊天，向他请教。在他那里我还认识了李铁夫。

"余本是出类拔萃的人，当时没有人能够与他相比，一年办一次画展，每次画展都能卖出很多精品。他是一流的好人，一个高尚的人，纯粹的人，老实而灵活的人，勤奋而富有才华的人和十分自律的人。我喜欢他早期的作品，用笔很爽脆，格调很高贵，风格介于印象派和学院派之间，又有自己的面目。"[①]1943年底陈福善也暂避濠江，在澳门逗留期间，余本和陈福善常一起结伴写生。岭南画派画家高剑父当时住在澳

---

① 麦荔红：《一位纯粹的艺术家——雕塑家潘鹤谈余本先生》，见1995年7月10日《羊城晚报》。

门贾伯乐提督街38号,他们有空便去探访,参观高剑父的画作。李秉一家则逃往在广东惠州附近的古竹村亲友家避难。

1944年7月31日澳门《华侨日报》发表冯康侯①的文章:"(余本)深居简出,潜其所学。侧重于写实,他如古典派前期印象后期印象等,曾一一致力焉。如是者有年,合一炉而共冶,艺益人进。风景静物以外,写像尤其特长,色调与肌肉之谐和,神态和笔墨之表露,非深于斯道者,无足语此。氏性高洁,讷于言辞。富感情,安贫乐道,名利不为动。民廿六年徐君悲鸿过港,强挽其与李君铁夫同赴桂掌美术馆,去不匝月,饱览山水而归。仍孜孜所学,力求深造。世之以艺术为进身阶者,又岂可同日语哉。扬君之善,正所以励后人也。兹闻商务中华两书局已征得氏之同意,定八月一日假国际酒店,公开陈列,以飨观众。故特为之介绍尔云。"②

12月22日澳门"协社"为难童筹款而举办书画义展会,余本与高剑父、容漱石、沈仲强、冯康侯、郑褧裳、罗竹坪、杨善深、何磊、伍佩荣、牙雕专家王志勤等拿出作品在市政厅公开义展。

澳门学者陈继春在文章写道:"著名雕刻家潘鹤藏有余本1945年作于澳门的水彩画《濠江帆影》。画中小岛横亘,后面有若隐若现的山岗。画面简洁,用笔洒脱而有力度。上题:'濠江帆影,志强先生留念,民三十四年秋,余本。'可以想见,作者于氹仔的观音岩,隔着濠江波光,眺望前方没有遮拦的松山。其上有苍绿的松树,数间房屋点缀其间,素白的、建于1864年且是南中国海最早树立的现代灯塔屹立于顶上。海面渔舟驶过,湛蓝的海水与山之间有霞雾飘动。"③

1945年9月6日澳门《大众报》报道:名画家余本,以擅油画、水彩

---

① 冯康侯(1901—1983),广东番禺人,原国民政府黄埔军校办公室秘书长,中华书局编辑,擅长国画、书法、篆刻。
② 见《永恒的朴素》第24页,2017年4月岭南美术出版社出版发行。
③ 陈继春《镜海纪事》,见《永恒的朴素》第427页,2017年4月岭南美术出版社出版发行。

画驰誉中外,客岁曾一度举办画展于本澳,大获盛誉,而此一年来,余氏努力绘作,未尝稍懈,故完成杰作至不少,其中且多为本澳风景写生之作,现以离本澳在即,为徇友好之请,故特将其作品,假座国际酒店四楼陈列,一连三天,今午十一时揭幕云。

余锦森说:"听闻在澳门我父亲卖了100多张画,主要画的是什么呢?我目前保存的只有3张左右是在澳门时期画的,郑子展先生是父亲在澳门画展的主要策划者和组织者。"

"画坛三杰"在香港

1945年香港光复,流散各地的画家纷纷回港。曾被尊为"画坛三杰"的陈福善、李秉、余本又重聚香江,他们各自设立画室,创作、授徒。

1947年为呈现他们的友谊踏入了一个新的里程,三人决定举行一次纪念性的西画联展,"余本(YEE BON)、陈福善(LUIS CHAN)、李秉(LEE BYNG)联合画展"在香港胜斯酒店举行,并邀请当时的港督葛量洪伉俪主礼,到会的中西宾客云集,成为画坛盛事,他们也被誉为

1. 濠江帆影
1945年
水彩纸本
29cm × 38cm

2. 余本、陈福善、李秉

香港"画坛三杰",日后他们组织香港艺术社,进一步推动香港艺术活动的发展。

余锦森解释说:"这就是香港文化,我父亲在香港开画展时,港督都会亲自到场剪彩,很多次都是这样。无论是三人展、联展还是个展,港督都会莅临,并不是我父亲有什么特殊地位,而是外国人的修养,懂艺术,尊重艺术是一种修养,所以港督很愿意参加画家的画展活动。那时的港督是葛亮洪,他们夫妻俩常来看画展。画展开幕仪式虽简单却很隆重。"

为帮助香港孤苦无依的儿童,1948年10月14日在圣约翰教堂副堂举办了"十一画人联合义展",筹募儿童福利基金,帮助香港孤苦无依的儿童。《星岛日报》报道:"年来香港的画展很多,但如此集合内外画家大成,冶中西画于一室的展览会却是创见。"参加的画家有伍步云、余本、李秉、陈福善、鲍少游等等。

同年12月15日至18日,"余本、陈福善、李秉第二次联合展览会"在思豪酒店画厅举行,共展出作品55件。从展览目录我们了解到两个重要的信息:一、余本、陈福善、李秉三人画室的地址;二、三人作品的定价。余本参展的16件油画作品中,最高标价4000元,最低标价600

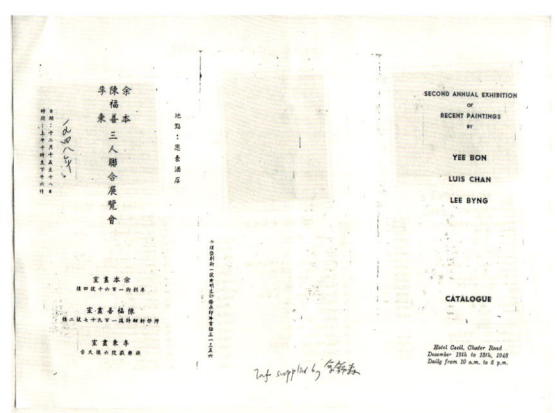
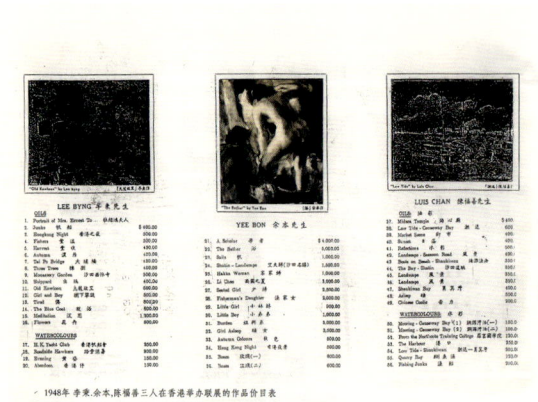

1948年 李秉、余本、陈福善三人在香港举办联展的作品价目表

元。由此可知,余本当时画价的大致情况。当然,油画的定价视作品尺寸的大小、题材、画家的技法和影响力而定。

余本在《自传》中写道:"抗战胜利后,我由澳门回到香港,在西环住下,教学生及售画过活,认识的人还有蔡里安、梁竹亭、何磊、谢子真等。"一家人的生活安定下来,余本在《星岛日报》刊登招生广告:"西洋画家余本。早年留学加拿大,研究美术,回国后从事创作,其所作油画人像,早已誉满艺坛。余氏在创作之余,向设有画室,经常招生,每周上课次数视学生之时间而定,画室设坚尼地城卑路乍街160号四楼。"①由此可知余本招生、教学的情况和画室的具体地点。

笼罩在青紫色夜雾中的香港,犹如斑斓的万花筒,一弯朗月寂静高悬。从余本的作品能感受到他对香港的迷恋,他爱香港渔村的气息和墟落的静谧、穿大襟衫的蛋家与戴宽边竹帽的农夫、被晚霞镀成金色的风帆与蓝天丽日下的海湾,在潮湿的水汽、蒸腾的太阳下有一种温煦的柔情,有着独特的美感。而令他目醉心迷的除了风景,更与香港务实与温厚的人文环境密切相关,然而香港的生活绝不是田园诗,一家九口的衣食住行全仗着画家那支画笔,生活常常入不敷出,捉襟见肘。余本说:"我的画有些是因应教学需要,有些画是为顾客购买而画,但是依照自己意图而创作的画,在香港可能没有市场,这是香港画家的悲哀。"

关于在香港的生活环境,好朋友黄茅是这样描述的:"那些日子他

---

①见1950年9月5日《星岛日报》第六版。

1.2.第二次三人联展请柬和目录

3.香港之夜
1950年
油彩纸本
30cm×41cm

家住在鸽子笼一样的房子里，……一家的生活之需只能以他的创作去换取，有条件付出代价的雇主，是那样少，而矛盾的焦点，是在作品和雇主之间的不一致。"①

余锦森说："说起西环的画室，那是一栋唐楼，俗称竹筒楼，我们家在四楼，一个月租金173元，屋主叫黄培芬，台山人，是从美国留学回港的建筑设计师，当时设计师和开发商往往是同一个人，他曾收藏我父亲不少作品，后来在香港去世，家人移民澳大利亚。我们住的房子前面是客厅，兼做父亲的画室，20平方米左右吧，后面是一个只有几平方米的小饭厅，一个父亲住的房间，还有厨房、卫生间。客厅画画的环境不错，临街是一排落地玻璃窗，光线充足。客厅还连着一个露台，大概1.2

① 黄蒙田：《余本画集·序》，见《永恒的朴素》，岭南美术出版社，2017年版，第183页。

1. 余本一家

摄于1954年

米深,4米宽,我父亲将三分之一隔起来放他的画。我刚才说客厅采光很好,但也有一个不好,我家对面是一个仓库,我父亲画裸体画,对面仓库楼顶就站满了人,又不能拉上窗帘,拉窗帘光线不够,从艺术家角度,这其实没什么,你看你的,我画我的。我们这些小孩被赶到外面去玩,家里只有我母亲。我们在天台上玩,那位模特叫亚金,是沙田小学的老师,20岁上下,是我父亲的朋友陈福善介绍认识的,小时候我们觉得亚金很漂亮,后来她成了陈福善的太太。那时我们没兴趣也没资格去看父亲画画,我们的兴趣是什么时候可以回家,所以时不时从钥匙孔往里看看亚金走了没有。几十年后我又见到了亚金,那是20世纪90年代,李秉先生嫁孙女摆酒,请了很多宾客,陈福善和我们坐同一张桌子,亚金坐我们对面,已经变成老太太了。我很感慨,小时候心目中的美人怎么突然就变成一个老太太?虽然面部轮廓基本没什么变化,与我的记忆距离不大,但却已经是个老太婆了,头发斑白。现在他们都已经去世了。我父亲那时画的裸体画大部分都卖掉了,仅有的几张在香港没舍得卖,带回内地,'文革'时,我父亲害怕,先是藏在花园,压力越来越大,最后叫我把那些画烧毁。我们现在只保存了父亲的裸体画的黑白照片,应该就是以亚金为模特的。"

文静娴雅的余锦文①告诉我:"我们家住四楼,一楼是一间餐厅,叫兰香室靓咖啡,父亲有时候会在那里买下午茶;二楼住的是华人朋友黄先生,我们至今还有联系;三楼住的是外国人。父亲喜欢安静,画画时总是叫我们出去玩。"

曾有记者采访余本,谈到当时的创作心态,其踏实平淡令人惊讶。余本说当时基本上需要解决的是生活的问题,除了画画还是画画,每两年开一次展览以便卖画,此外便是教书,但学生深知在当时做画家的困境,学习艺术只是为了兴趣和消遣,所以来学画的多半是富家子弟。余锦森说:"印象中父亲好像是逢星期四、五、六这三天教学生,星期六下午我们不用上学,但必须离场,有时候他给我们几毛钱,让我们去看电影,我们习惯于看楼下那两辆私家车还在不在,如果还在,则不能回家;私家车走了,说明学生已走,我们可以回家了。"

"大概是1953、1954年那段,他脾气不好,医生建议他养金鱼,他在客厅对出去的露台养了金鱼,我的印象,那些金鱼从红色变成白色又变成黑色,原因是那缸水从清水变成绿色再变成深色,最后不了了之。可见那时他跟很多人一样,有焦虑症的情况,但创作没有受影响,只是据我母亲说他脾气差些,买他的画的很多是医生,因为医生有钱,其中有一位牙医,姓什么我忘了,我父亲曾说,他的牙原本好好的,就因为认识了这位牙医,老劝他去洗牙,结果得了牙周炎,老是牙痛,被拔掉了不少牙。"余锦森笑着说。

提起童年往事,余锦文乐不可支:"小时候最开心的还有父亲带我们全家出去玩,一玩就是一整天。去海边游泳、野餐,无论晴天还是雨天,都会按计划出行。全家就我母亲不会游泳,但她的泳衣是最漂亮最

---

①余锦文:余本六女,1945年在香港出生,1956年随父母回广州定居,毕业于华南理工大学,现居香港。

1	3	4
2		

1.人体
1951年
油彩布本
82cm×94cm

2.女儿（以锦芳为模特）
1949年
油彩板本
51cm×61cm

3.农民
1950年
油彩布本
94cm×76cm

4.儿子（以锦堂为模特）
1947年
油彩布本
61cm×51cm

时髦的（笑）。我父亲说话不多，对我们的教育主要在身教，用他的行动给我们做榜样。"

"当时请模特太困难了。常常是由我母亲到菜市场买菜的时候,去问问那些卖菜小贩、渔民、搬运的苦力、街坊愿不愿意来做模特,十块、八块一个人,请不到,便以母亲和妹妹们做模特,很多是穿古装的,那些作品大都卖了,只留下一幅1939年的《妻子》,只有这幅是真正画我母亲这个人,画出了母亲秀外慧中的性格,画出一位中国的贤妻良母。这张画表达父亲对母亲深厚的感情。我两个妹妹,以及我的弟弟们都做过他的模特。男孩子比较好动,坐不住,妹妹经常做模特(笑)。

"父亲只关注艺术上的问题,他曾说,人生的时间不长,要在有限的时间内去抓紧做事。他一天到晚都在画画,不讲究吃什么,不去买房子,不去投资,也不喜欢应酬,甚至连朋友约吃饭也不太愿意,原因是不希望影响了工作。以前香港的富商胡文虎先生出巨资让我父亲画肖像,我父亲看他肥嘟嘟白雪雪不入画,就婉拒说没有时间画。父亲遇到一个犹太人,轮廓突出,很适合入画,便主动提出说:来,我给你画幅肖像。"余锦森补充说。

余本在香港几乎每两年举办一次画展,每次销售情况都不错,为什么当年没有买房子?当年香港人除了富豪,百姓买房子的并不多,因为

1. 余本（摄于1939年）

2. 1952年在香港沙田写生

3. 红牛
1947年
油彩板本
41cm × 51cm

4. 浪
1946年
油彩板本
64cm × 76cm

那时无论是独栋别墅，还是唐楼，都是以栋为单位出售，每栋一个门牌，不能拆散，不像现在按单元销售，而整栋楼的售价则不是香港一般市民能够承担的。直到1954年，霍英东首创分层预售"楼花"和分期付款的经营方式，将地产工业化，才使香港地产界疯狂起来，香港人卷入了房地产的旋风，普罗大众介入了房地产买卖市场。

余本笔下的香港，呈现了香港节奏、地方风貌、市民生活……他喜欢到渔村或乡间写生，从都市的骚乱逃离到乡村的平静，那些笼罩在淡赭烟雾里的渔村，以及彼此依偎的小艇和岸边的木屋、微微摇动的水波……余本常常被那种金属般闪光的水面、被海鸥掠过的平静的村庄所吸引。余本为都市居民提供了一个视觉上的逃往乡村和欣赏乡村风景的机会，作品更投射了画家自身的情绪和观念。

经济是影响艺术发展的主要因素，早期在香港想成为职业画家而生活富足并不容易，余本在加拿大的同学李秉，靠为娱乐戏院画广告为生，而余本则孜孜不倦地绘画教书，当时，风景画最为市场所接受，例如帆船余本就画过很多，有道是：帆开风转，事谐心遂，帆船代表一帆风顺之意，这是香港市民对生活对事业的期盼，也反映出市场导向影响了绘画题材的路向。任何人都不可能真正超然于经济生活之外，余本的创作，自然会考虑到销售的因素，也考虑到观众的阶层和接受能力。人一旦投入存在，便难以摆脱物质的诱惑与生存的重压。

曾有人问余本，为什么画那么多妻子的肖像？余本解释说，因为她

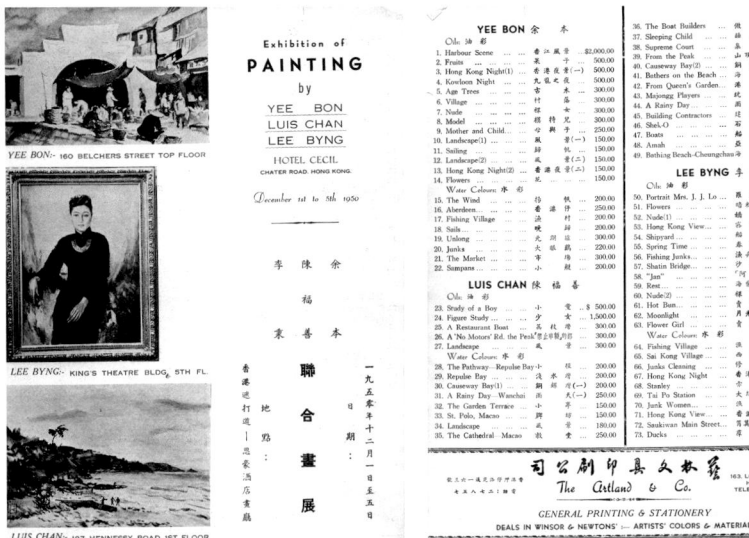

是自己事业的支持者,多年来同甘共苦,无论在精神还是物质方面,妻子都给予了极大的护持,若说自己今天有点成就,都是她的功劳。余本也爱画他的孩子们,画他们宛如林中小溪那样清净的心灵和清澈的眼神。余本说:"我画的是人物、静物和风景。在艺术学院学的是法、英制度的学院派系。学校里有商业美术设计,但我选的是纯艺术课程。我的画风一直是以自己的喜爱来决定,自己喜欢画的画有时未必是别人喜欢的,所以卖画是很困难的。"那些苦力、农民肖像,估计普通人不会买来挂在自己家里。

余本一生认真,无论是画画,还是做人。孩子们小时候做家务,余本对他们说:洗碗碟,不要看碟面干不干净,而是要看碟底干不干净。这句话让余锦森他们一生受用。

余本喜欢画沙田。沙田原称"沥源",因城门河而得名。明朝即有农民在此傍水而居。全盛时期,有超过50个村落,其中以沙田村最广为人知。在这里有乡郊幽地、传统村落、香烟缭绕的庙宇、年深月久的围村,朴素而宁静,远不是现在车水马龙高楼林立的热闹沙田。

学生蔡绮颜说:"余本教我们时的名言是:光中有暗,暗中有光。当年老师常带我们到沙田写生,那时沙田还能看到耕牛。有一次,老师正在写生,突然跑来一群农妇,手拿刀棒骂骂咧咧,说:你画了我家牛

1.余本夫妇
摄于1954年

2.第三次三人联展请柬和目录

3.余本与画友们在李秉画室

的魂魄。学生们请求村民:请不要打扰我们的老师。村民说:不打扰也行,但得给封利是。学生们就用利是把这些人打发走了,而这场纠纷余本当时并不知情,一门心思都在画上。"余本的这些油画和水彩写生,忠实地记录了香港的沧海桑田和故容旧貌,至今老一辈的香港人仍然可以从余本的作品中,怀念20世纪50年代西环、大埔、沙田等渔港的淳朴风情。从他的大量作品中了解他的思想、情感和意志,感受他的仁义之心和人道情怀。更重要的是,他在作品中自觉或不自觉地向人们提出了个体感性生命的归依以及生活世界的价值和意义问题。

"回到香港后,父亲在香港开画展,一幅画能卖五六百元,甚至有4000元,而当时其他画家的画价普遍在100元左右,父亲的画价格是很高的。那时的卖画收入看上去很可观,但当时父亲买颜料是整箱买,人家送货到家里来是一箱一箱的,红色多少盒,白色多少盒……各种各样的颜料,一箱颜料,大约相当于我半年的学费,而父亲作画很认真,画得不满意时常刮掉重画多次,所以颜料消耗很大。"余锦森说。

余锦文补充说:"我父亲画画不是一次性完成的,他总是同时画几张画,不断修改,有时候,原画的底色会被他完全改掉。他教学生有时会摆

1	2	
	3	

1. 余本和他的塑像

2. 余本家一角
图中有女儿的肖像、余本的塑像、余本用的烟嘴、画笔

3. 扬帆出海
1951年
油彩布本
64cm × 76cm

一些静物让学生画,他自己也画,有时让我做模特,给学生们画。"

余本与画友们在李秉画室的照片摄于1949年。余本前面的头像是一位法国女雕塑家为余本塑的石膏像,雕塑家将石膏像涂上墨绿色,这尊余本塑像在"文革"时被损毁。桌上烟嘴是余本的用具,但他没什么烟瘾,与朋友应酬时才吸来玩玩,这和他喝威士忌一样,朋友送来他会喝一些,喝完就算,不会主动买。余锦森说:"父亲保留了一些西方的生活习惯,如早餐一定是牛油、面包、咖啡、奶茶,也常带家人吃西餐,却甚少与家人朋友去中式的茶楼饮茶。他喜欢用绿色的植物布置房子,吸过烟,抽过雪茄,喝过红酒,但都不上瘾。别人送他红酒,家里没冰块,他兑开水来喝。他说,别人送的,不喝就浪费了。我们家开放、民主,但严格要求在公众场所不能大声讲话,吃东西不能发出声响,对人要有礼貌,等等。"

1949年中国发生了20世纪当中第二次历史巨变,10月1日,毛泽东主席宣告中华人民共和国成立,在天安门城楼举行了开国大典。余本参加了在香港湾仔六国饭店举行的香港进步文艺团体庆贺中华人民共和国成立的活动。

1950年,英国政府承认中华人民共和国为代表中国的唯一合法政府。1月9日,"余本画展"在思豪酒店画厅举行。7月,余本与李铁夫、

徐东白、高谪生等参加香港华商总会发起的慰劳中国人民解放军画展。12月1日至5日，"余本、陈福善、李秉联合画展"在思豪酒店画厅隆重举行，共展出作品73件，其中余本22件，陈福善27件，李秉24件。这是他们第三次联合画展。

1951年11月6日，"余本作品展览"在香港思豪酒店举行。《星岛日报》1951年11月7日发表署名青苗的文章。文章写道："十几年来，他一方面和不安定的生活搏斗，一方面在生活余暇歇息下来的时候提起画笔，这个画家对于艺术的热忱和忠诚，可以说是到了可惊的程度，没有他这一般对于艺术的热情，我们今天就看不到这一百多幅有分量的辉煌的作品。昨天的思豪酒店画厅挤满了人，他们在欣赏那些因为作品太多而地方太少，必须分开三四层排列着的作品。"举办画展前，余本会预先请画友们到画室来看作品。

1. 为半岛酒店创作大型壁画《海景》草图
23cm×75cm

国画家鲍少游①在1951年11月7日香港《华侨日报》撰文道:"当此举世危机四伏,物质利欲,浸淫人心的时代,而余君却能开除一切,潜心精进,不肯妄态宣传,不为名利所溺,只抱着纯洁的志向,逐日携其画具,啸傲于山村水乡之间。"由此可见,当年香港的油画家、国画家惺惺相惜、互相支持、互相欣赏、互相推崇。

为维持劳工子弟就学、救济失学孩子,1951年6月30日香港港九劳工教育促进会发起了筹募劳工子弟学校经费运动,在华商总会礼堂举办联合义展会,余本、张大千、鲍少游、赵少昂等近百人热烈响应,拿出作品参展。

"我写劳动人民是本着同情心,因为我也是由劳苦阶层出身的。"余本曾这样说。他将对劳动阶层的同情,借着深沉的色彩,写实的造型,表达出自己的感受。虽然这类人物画较难售出,但他仍致力描绘这类反映当时人民生活的作品。为了养妻活儿,余本亦画了大量风景画,其中有两幅名为《街景》及《海景》的大型壁画,是50年代初应半岛酒店的邀请绘制的。

1953年余本为香港半岛酒店的吉地士法国餐厅(Gaddi's)创作《海

---

①鲍少游(1892—1985),名绍显,字少游。广东珠海人,生于日本横滨。2岁随母返乡。7岁入塾读书,酷爱绘画,无师自通。1903年随叔父返神户,就读于同文中学,毕业后留校任教。1911年入读日本西京艺术工艺专校,1915年以成绩第一毕业。继入读西京美术大学。1927年任佛山市美专、广州市立美术学校中国画主任教授。1928年与夫人在香港创办丽精美术院,任院长兼主任教授,开香港绘画艺术教育之先河。

景——香港维多利亚港》（177.7cm×121.2cm），这是余本毕生创作中尺寸最大的作品，同年，被誉为全亚洲最好的法国餐厅之一的吉地士餐厅正式开业。余本这件作品在吉地士陈列超过30年，与半岛酒店共同见证了香港的发展。1994年半岛酒店扩建重修，此画被私人收藏。作品以广阔的太平山为背景，从九龙半岛远眺维多利亚港，表现了50年代香港频繁的海上交通和渔民劳动的景象，呈现渔民们充沛的活力，以及乘风破浪的冒险精神，正是这种勤奋和坚毅的精神，成就了无数人的梦想，使香港从一个小渔港，发展成国际知名的金融大都市，帆船也因此成为香港的象征。

余本的作品有相当一部分是与海有关的，诸如《帆船》《渔港之晨》《浪》《晨曦》《帆》等等。人类何时才会远离颠簸动荡的一叶孤舟，何时才会复归坚实平稳的大地？然而大海也确实给人们带来无穷的幻想与期待，带来无尽的生命与富足。在余本的笔下，一棵树、一栋房子、一湾明净的海滩，甚至一片散落的花瓣、一块随意摆放的衬布都带着无穷的韵味，蕴含着丰富的情意。

香港美术会

20世纪20年代在香港成立的以西方人为主的香港美术会，到了50年代吸纳了众多华人画家，成为一个活跃的美术组织，不断举办月展、季展、年展，为香港市民提供了丰富的艺术生活，这些活动从一个侧面呈现出香港社会的文化土壤和艺术环境。1951年7月25日，"香港美术会夏季美术展览"在花园道圣约翰教堂举行，《星岛日报》报道："由香港教育司克罗隆先生亲临主持开幕礼。据悉：此次夏季展览规模比寻常月展为大，内容充实，作品均为本港艺术名流之佳构，展出作品计134幅，系经过评审委员会吉斯维克夫人、勃朗教授、高德斯、琼斯、史名特、赖神父六委员，从242幅中选出者，选出作品，西洋画占多数，如名画家余本、陈福善、徐东白、李秉均有画幅参加以供艺术爱好者欣赏。"

1952年1月9日《星岛日报》报道了年展的情况："香港美术会，一年一度之年展，于昨日在圣约翰礼拜堂开幕。参加者中西画家有：李

秉、余本、陈福善、刘大步、徐东白、罗宾氏、史太保、屈臣氏夫人、史刁力加夫妇、史蜜夫些那神父、郭大维、周千秋、乐卢廷、李祖佑、李锡彭等40余人,作品共148幅,其中分国画、油画、水彩,是日上午10时30分,港督夫人莅临主持开幕,开幕后,由该会会长罗宾氏和港督夫人分别致辞,同日上午12时许,港督独临参观。查昨日参观者千余人,其中以画家及文化界、学生为多。"由此可见社会的进步,香港美术会不但展览油画,还有水彩、国画,参展的画家也不限于会讲英语的华人了。

同年8月28日《星岛日报》报道,月展期间同时举办艺术评议会,由会长主持,请画家做艺术演讲,不收门票,观众自由参加。香港美术会逢星期一举行会员日活动,例如1955年11月22日下午5点在陈福善画室举办会员日活动,邀请国画家赵少昂前来即席挥毫,这种活动是公开的而且在报纸上公告,欢迎感兴趣的市民参加,香港美术活动的开放与自由亦可见一斑。

组建香港艺术社

1 | 2

1.西环码头
1947年
油彩板本
41cm×51cm

2.1952年余本太太(摄于西环寓所)

1952年,陈福善、李秉、余本组建"香港艺术社",旨在吸引更多的艺术同行者,共同推动香港艺术活动,先后举办过"香港西洋画十四人展"及"七人画展",他们的热情投入,对四五十年代的香港艺坛做出了重要的贡献。

左图为余本太太1952年在西环寓所,墙上上方是余本收藏的清代古剑,中间镜框镶着余本在加拿大安大略艺术学院的学习成绩优异特别嘉许奖状,下方陶瓷弥勒佛像是雕塑家梁竹亭亲手制作并赠送余本的,这些都是余本十分珍爱的物品,可惜"文革"时被损毁。照片上的石膏像则是余本的教学用具。

1953年11月,"余本油画展"隆重举行。香港收藏家李祖佑[①]1953年11月13日在香港《星岛日报》发表观后感:"将十年矣,太平洋战后,

---

① 李祖佑,香港著名儿科医生。他雅好中国艺术,嗜金石,与香江艺坛中人往来密切。

先生自澳门归，出其佳作，展于香港，彼时予对于先生之艺术，已极崇拜，故以后每次展出，皆以先观为幸，心所最好者，必收藏之，以供朝夕之赏玩，但先生自喜刻苦绘事，而不喜多事展出，盖其为艺术而进修，而工作，其所成就，与日俱进，自成一家，非一般沽名好利，降艺术之风格，以博世俗之阿好者，所可比也。先生此次所展出之油画，百余幅中，其作风有显明之变迁，予觉其设色用笔构图造意，皆有与年俱进之蜕化。"

余本的画框

余锦森说："父亲有些很好的朋友，时常过来找我父亲聊天。我父亲这个人其实是不喜欢应酬的，朋友约他出去喝咖啡，他也不喜欢去，把所有的时间都用于看书、画画，所以，他的朋友来了之后，就叫他们带我们这些孩子去'游车河'。其中一位叫钟汉祺的先生，几年前去世了，这位钟先生对我父亲的帮助很大。还有一位李展先生。那时开画展有很多工作要做，粗重的活例如搬运作品、布展等等这类事情，由这位李展先生帮忙，钟先生则负责帮我父亲策划展览，拿现在的话来说是策展人，由他去联系展场、预订展期、印发请柬等等，那时可能没有合同，只是口头约定就可以了。钟先生20世纪50年代有私家车，属于生活条件不错的人，但他做什么生意我不清楚。单身，有女朋友。李展先生后来出国了。那时候父亲搞展览，跟货车运画去展场，看工人装卸画，跟前跟后这些都是我们这些小孩做的，那时我十四五岁。我们还帮助父亲做画框。那时有一位姓吴的木工，按照父亲的要求，用杉木做框，通常一次做十几个，父亲亲自动手，教我和二哥做画框的装饰，用煮溶的桃胶、牛皮胶加入白色福粉，搅成糊状，牛皮胶的味道很臭，抹在画框上，用手打实，然后用三只或四只手指刮出凹凸花纹图案，待福粉干了之后，看上去挺漂亮的。那时我们家楼上是一个大天台，我们将做好的画框拿到天台晒干，然后搬下来上颜色，涂上金色或灰色。上色之后，他教我们拿很干的笔，蘸些别的颜色，轻轻扫一层，这样画框上凹凸的花纹就显出来了，画框的制作方法可能是他在国外学的，在街上买一个现成的画框这种情况很少，印象中只有一两个是现成的,买回来做样板用,那时金色画框是用金箔粘上去的,很贵。父亲画画以外的工作就是做这些。"

1955年11月22日,香港《华侨日报》发表于港的文章《余本之画》:"十多年来,余本是我最关注的艺坛人物之一,因此他那画风的转变,我却很清楚。大抵在战前,他的画以写田园风景和静物的比较多,战后大部分的精神,都放置在人物画的创作上。在最近十年来,他的人物画可说是达到最高的成就,像这期刊出的一幅《舟子》,从笔触、色彩、构图上来看,便可知道他对人物画的处理是如何的登峰造极了。"

港督莅临"余本画展"

1955年11月28日,"余本画展"在圣约翰礼拜堂一连展出三日,展场人头攒动,展出作品230帧,除四幅水彩画外,其余均为油画。当天早上11点,港督葛亮洪夫妇联袂抵达圣约翰教堂副堂,参观余本个展。此次展出的作品,为历年精心杰作,也是历来个展作品最丰富的一次。港督伉俪抵达时,由余本、陈福善等画家迎接,向港督夫妇介绍在场的书画界人士。港督夫人还接受了小姑娘余锦文的献花。港督夫妇对各件作品,均曾驻观甚久,最后与余氏一家合影留念,始兴辞而出。画家刘

1.港督夫妇莅临余本画展

1. 余锦文小姐向港督夫人献花

2. 20世纪50年代余本在香港

大步①在文章中写道:"余氏费了廿余年的研绘功夫,在今日本港言油画,莫不首推他。近来他的画笔,愈写愈劲,用笔用色,更为老练。我感觉本港虽做了洋化的触角,但研油画的人,尚寥寥可数。若说余氏油画人像,在港中坐着第一把椅,也不为过誉。在港画人群中,不可多得的像余氏这种十足十的艺术家风度,所谓'闲静少言,不慕荣利'之流。他不喜多说话,也不善应酬,从来也不夸张自己的优异,不慕名而有名,这种人若其功夫非达到炉火纯青时,则不易得见。这也是使我佩服他的地方!"②余锦文笑着说:"在香港时,父亲举办画展,我负责

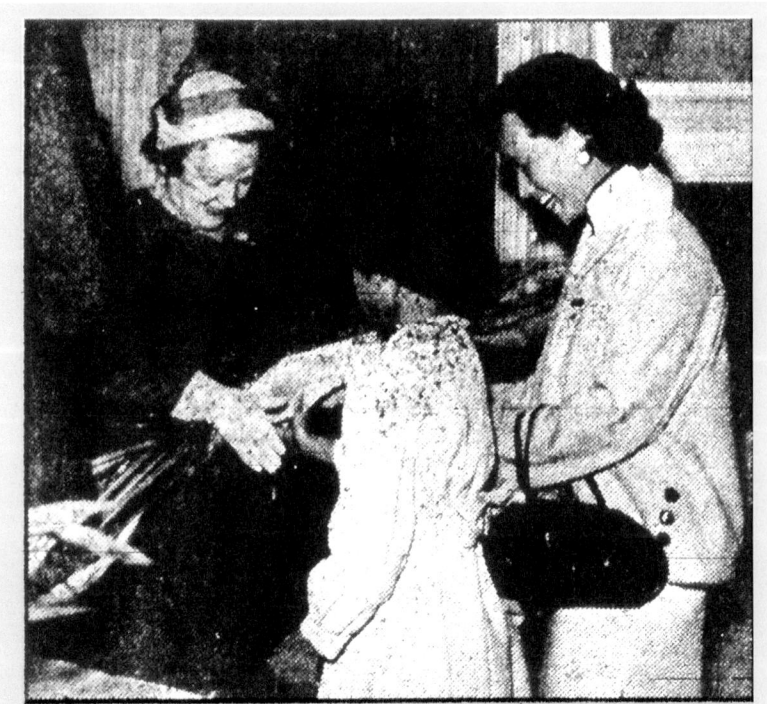

During a visit to the exhibition of paintings by Mr Yee Bon at St John's Cathedral Hall yesterday, Lady Grantham, who was accompanied by His Excellency the Governor, Sir Alexander Grantham, was presented with a bouquet by Miss M. Yee, daughter of Mr and Mrs Yee Bon. — (Staff Photographer).

---

① 刘大步,香港早期知名画家,曾著有《国画入门》一书。20世纪60年代在美国设帐授徒。
② 刘大步:《余本其画其事》,见《永恒的朴素》,岭南美术出版社,2017年版,第62页。

给港督献花,那时很开心,因为要打扮漂亮,有新衣服穿。"

"那时最困扰画家的,是市场、收藏家与画家的创作这三方面的平衡,也是我父母争论、父亲和朋友交谈的主要话题,他喜欢的题材不一定符合市场要求,也不一定符合收藏家的需要,大家的观点不同。收藏家喜欢的作品,市场可能并不喜欢,例如苦力头像一般不会被挂在家里,而收藏家很喜欢这类作品,他们从油画的构图、色彩、笔触来欣赏作品。市场喜欢帆船,取意一帆风顺,风景也漂亮。新潮些的人喜欢人体画,所以,这方面很难协调。展场上凡被客人订购的画,都会在画旁边贴一张小纸条,画展结束,我们这些小孩最开心的事是去数那些小纸条。"余锦森说。

1956年9月15日,莫泊在香港《文汇报》写道:"余本是一个真正的艺术家。这个人的纯洁在旧时代的艺术家当中是少有的,特别是在主要以雇主的购买来维持生计的社会中。"余本在香港通常每两年举行一次个人画展,而全家整年的生活费用,便全赖这一次画展的销售收入。

1955年10月,李秉携油画、水彩作品200多件乘坐美国邮船克利夫兰号前往加拿大温哥华、多伦多以及美国举办画展,晚年在加拿大东部蒙特利尔生活至终年。1956年9月,余本响应祖国号召带领全家回广州定居,陈福善一人留在香港,继续实现自己的艺术抱负,"画坛三杰"从此各奔东西。

1963年5月27日,陈福善在香港《华侨日报》发表文章:"记得十年前余本、李秉和我,还在港举行过我们最后的第三届联展。可是,今天余本已返回故乡继续他的艺术生活,而李秉却返回他的出生地加拿大经商了。前者是一个标准而努力的画家;而后者则俨如一长袖善舞的商人,绘画不过是他的副业罢了。说到我,只是死守在一隅而一事无成,除了还可以把过去一起的美梦深深地回忆和依恋。"

任真汉[①]回忆说:"1956年余本将移家返穗前夕,邀宴于他的画室,

---

①任真汉(1907—1991),广州市人。7岁随父移居台北。14岁始习国画,1925年回广州入"赤社"美术研究会习素描,师从冯钢百、胡根天、赵雅庭等,1927年留学日本,入京都关西美术院研习油画及美术史论。1932年离日定居香港。1937年后,主要从事文学创作活动,1957年5月应邀参加北京观礼,回港后,复事中国画创作。擅山水、人物,间作花卉,功力深厚而不落常套,对书画鉴定深有研究,出版专著有《中国画基本画法》等。

他拿出一本伦勃朗画册,揭开了伦勃朗作品的一个秘密,就是将画上一层晦黄的漆洗去之后,露出原画鲜丽夺目的色彩。那本画册便将这两种色调效果,对照着印出来。余本指着那些图片对我说:给你讲中了。我惭愧道:我其实只是想当然耳。我觉得一味像伦勃朗那样的一个热情的、浪漫气质的、诗意洋溢的画家,坚持专用黄晦调子,画古铜像一般的人像,那是不合理的。他的画题材是那样多方面,还会把人家委托画的肖像,弄成故事或戏剧场面来绘作,那么,他在色彩上也应该有足以相配的变化才合道理。"[1] 20世纪50年代的余本已成为一位受人推崇的、仪态从容的艺术家。他的作品既是香港艺术生命力的体现,也是香港市民通往生气勃勃的艺术生活的一座桥梁。

  人类的历史,若从抽象的角度看,似乎贯穿着"生活"与"生命"的基本冲突,生命在其历史旅程中,呈现出不同的演变形态,而"变"中又有"常",余本的作品随生活旅程的变化,表现现世的生活与图景,既呈现着生命的原始影像也显现了与自然的契合,这当中,既有大自然的明丽与和谐,也有浓郁的乡情与民俗,均出于对生命的肯定和尊重。画家有画家的道路,地球有地球的轨迹,生活展开着,余本将遇到什么,将感受到什么,岁月自身便是答案。

---

[1] 任真汉:《余本画中有诗》,见《永恒的朴素》,岭南美术出版社,2017年版,第99页。

5 回归新中国
Returning to the People's Republic of China

1

1.龙舞（1956年5月1日）
图片来源：http://www.jiaxiangwang.com/prc/h-prc-1956-51laodongjie.htm

　　1949年，当红旗插遍了大江南北，当中华人民共和国在人们心中从愿望变成了现实，当人们在欢声笑语中迎来了20世纪50年代，秧歌和腰鼓转换了中国人生活与艺术的调性，中国的文艺工作者以前所未有的热情投身新的生活，讴歌新的时代、新的社会，并以极大的热情用自己的所长积极为祖国的建设服务，具体的做法是为共产党和中华人民共和国政府所提出的方针政策服务。也就是从这个时候开始，文艺成为主流文化的辅助工具。于是，在文艺作品中，矿工真正成为矿山的主人，农民在自己的土地上尽情欢笑，毕加索笔下的和平鸽自由飞翔在中国的蓝天。新中国的艺术作品从内容到形式都有了全新的表征。

　　随着国民经济的恢复和各项建设的逐步开展，各种新事物、新技术、新工艺层出不穷。1955年底，当新中国第一个五年计划即将进入关键性的第四年的时候，各种建设人才匮乏的问题显得更加突出和尖锐。1956年第一个五年计划提前完成，"双百"方针提出，中国开始进入社会主义建设时期。1956年1月14日，周恩来代表中央要求全党，着重从

建设的角度,从实现现代化和迅速改变科学文化落后状态的角度,从赶上世界、赶上时代的角度,来认识和思考知识分子问题。中央认定:革命需要吸收知识分子,建设尤其需要吸收知识分子。周恩来说:"我们的国家是这样地大,我们的建设事业发展得这样地快,今后还要发展得更快。因此,我们不能不更快地扩大知识分子的队伍,尤其是高级知识分子的队伍,以满足社会主义建设的迫切需要。""我国的科学文化力量目前是比苏联和其他世界大国小得多,同时在质量上也要低得多,这是同我们六亿人口的社会主义大国的需要很不相称的。我们必须急起直追,力求尽可能迅速地扩大和提高我国的科学文化力量,而在不太长的时间里赶上世界先进水平。这是我们党和全国知识界、全国人民的一个伟大的战斗任务……一定可以在不很长的时间内,实现毛泽东同志的伟大号召——'我们将以一个具有高度文化的民族出现于世界'。"①

政府决定邀请余本回国

1956年3月,中国美术家协会广州分会成立,并设立了7个创作组,分别是国画组、版画组、绘画组、雕塑组、工艺美术组、宣传画组、理论批评组。但没有油画组。如此重要的画种没有独立,与水彩、水粉合成绘画组,可见当时油画的力量并不强。

1956年4月,广州市人民政府根据美协广州分会的倡议,决定邀请香港的著名画家余本、徐东白、梁竹亭回广州定居。《1956年中国美协广州分会第三季度工作计划纲要》中写道:8月做好迎接香港画家余本、徐东白、梁竹亭回国的准备工作。

为进一步做好团结海外广大华侨的工作,争取更多侨汇,争取居留在香港的侨眷回国,国务院特别出台"做好1956年度华侨回国观光团员及港澳同胞观光团接待工作"的通知,由此,华侨回国观光团激增,单是在五一期间,就有来自东南亚、日本、非洲、美洲地区,以及香港、

---

① 见1956年1月30日《人民日报》发表周恩来总理在中共中央召开的《关于知识分子问题会议上的报告》。

澳门等地的351名华侨到北京观礼，并赴各地参观，随后返回广东、福建侨乡。

五一劳动节观礼

  20世纪50年代的节日主题是五一大游行，从1952年到1956年每年五一劳动节都举行50万人游行集会。1956年的五一游行，天安门广场红旗招展，气派万千，余本以香港著名画家身份在天安门上见到了毛泽东主席，看到了50万群众整齐的步伐，听到群众雄壮的口号声，他的心为之沸腾。余本在《自传》中写道："1956年我荣幸参加回国五一劳动节观礼，同行画家有徐东白、伍步云、黄潮宽、梁竹亭等。在五一劳动节观礼台上，我第一次看见我们伟大的领袖毛主席在天安门上，这是我有生以来最荣幸的时刻，心情非常激动，满眶热泪。我们的民族站起来了，东方病夫一去不复返了。回想在外国时，西人看不起中国人，华人受尽歧视之苦，真是千头万绪。之后我们到东北各省参观工厂及其他新的建设成就，这一切全是在共产党、毛主席领导下取得的伟大胜利，心情十分兴奋，一心想返回祖国。回港后我决心响应党和政府关于知识分子回国参加建设社会主义服务的号召，我写信向党和政府请求回国。1956年秋，我全家回到了祖国怀抱，（有关部门）安置我在华侨新村住下，由美协转交给我生活及费用360元，另有一些稿费，有时售出作品。"这次香港文化界人士参加五一游行观礼并做华北、东北和华东等地观光旅游的，除了余本、徐东白、梁

上篇 / Part I　　回归新中国 / Returning to the People's Republic of China

2	3
1	

1.五一观礼的外宾

图片来源

http://www.jiaxiangwang.com/prc/h-prc-1956-51laodongjie.htm

2.1956年5月天安门前50万人大游行

图片来源：http://www.jiaxiangwang.com/prc/h-prc-1956-51laodongjie.htm

3.1956年余本在天安门参加五一观礼

竹亭外，还有伍步云、黄潮宽、李凡夫、黄般若、黄蒙田等美术界人士。这次五一观礼以及党和政府对余本的热情接待起了决定性作用，促使他下决心返回祖国。

潘鹤说："1949年广州解放那几天，香港的进步团体在六国饭店举行了庆祝广州解放和新中国成立的大会，我们升起了国旗，楼下派人放哨，怕坏人搞破坏。余本被请来了，而且坚持到最后。在当时，像他有这么高地位而且能够接近进步团体并参加政治活动的人是很少的。参加那次活动的还有李铁夫、廖冰兄、关山月、杨太阳、杨秋人、徐东白、简琴斋、王琦、黄永玉、万籁鸣、李凡夫等。我从香港回广州时去向他告别，他说：你先回去吧，我也想回，但我和你不同，我有一家大小，要找到工作才安心回去。1956年他接受政府的邀请带着一家人回来了。有一件事令我十分感动，在回广州的火车上，他对黄新波说，他想把全部几百个画框都捐给国家。对油画家来说，一生最大的投资就是画框，余本的画框是他自己和孩子们一起做的，做得很美。画家有了画框才可能办展览。没有了画框等于断了自己的后路，他是对共产党毫无保留地信赖。"

黄蒙田回忆道："1956年春末，我和余本以及别的几位画家结伴出游，由四季常绿的南国到风沙满天的北方，由辽阔的华中平原到桃红柳绿的江南。我留意至50岁刚出头的余本默默地在感受、思索，默默地在

32开稍大的本子上画下旅途印象。他很少说话，但是我明白在不断展现的新鲜事物之前，有人用欢呼甚至用歌唱表达此刻感情的激动，然而余本却是沉默地在心里欢呼、歌唱。他感到幸福，他受到教育，他得到鼓舞。就在那一年9月间，我在九龙火车站送走了余本和他一家回到广州定居。在那里，一个可以安心从事创作的专业画家岗位等待着他。"①

告别与回归

1956年9月13日，香港《大公报》报道："久已蜚声艺坛的名画家余本，昨天全家离港赴穗，返回内地服务。余本夫妇携七个子女于昨晨七时四十八分乘火车启程，他带了整整两大货车的行李，其中包括有几百幅他的作品。他说：回去后将继续创作，要画些中国风土人情的画，准备先在广东取材，以后再到各省去走走。到车站送行的有画家徐东白夫妇、陈海鹰、李流丹、陈祖泽、潘佛涵等……余本说：内地对他的回去

| 1 | 3 |
| 2 | |

1.1956年9月13日香港《大公报》报道

2.余本自传手稿（四）

3.珠江两岸
1959年
油彩板本
36cm × 46cm

① 黄蒙田：《余本画集·序》，见《永恒的朴素·余本作品及评论集》，岭南美术出版社，2017年版，第184页。

非常重视,广州美术家协会代他找一所合适的房子,找了很久。因为这所房子要供他一家居住,还要适合他从事美术创作,所以大费心思,直到最近才找到。"①余本带回来的行李中,有他和儿子们悉心制作的精美油画外100余个,无偿赠送给中国美协广州分会,作为美协举办画展的一点资助。在当时物资严重缺乏的情况下,这是礼重情义重,充分地表现出他纯朴的天性。

余本兴奋地对香港《文汇报》的记者说:"过去在海外和港澳几十年,有许多人都不知道国家怎样,那时只觉得中国人一直被人侮辱、被人损害,甚至有人不敢承认自己是中国人。可是,今天祖国日益强大起来了,今天在港澳的同胞和海外的侨胞已深深地感到现在做中国

① 见1956年9月13日《大公报》第五版《响应祖国号召 著名画家余本全家回穗》。

1. 媒体报道

2. 广州有关单位欢迎活动报道

人是光荣和骄傲的。"他希望热爱祖国，现在仍居留海外的高级知识分子，与他一样，响应祖国号召，早日回内地服务。[1] 余锦森说："当时的香港政府对内地的反感情绪比较大，我们全家回国时，父亲的一个学生前来送行，帮我们照相，过后被老板炒了鱿鱼（辞退），因为在左派报纸上出现了他的照片，认为他偏'左'。离开香港那天我有印象，那时我读中学，早上5点多我们就从港岛坐轮渡过海了。"美协广州分会派何克敌、孙文斌到深圳迎接余本一家，广东省华侨事务委员会办公室副主任何友逖、美协广州分会派美协广州分会副秘书长赵本到广州火车站迎接。

9月15日，广东省文化局、广州市文化局、广东省华侨事务委员会、中国作家协会广州分会等机构在广州大同酒家设宴欢迎从香港回广州的余本夫妇和国画家叶少秉，广州画家冯钢百、符罗飞、胡根天、廖冰兄、卢振寰、汤由础、何克敌等参加宴会。

9月27日下午，香港画家徐东白也回到广州参加工作，余本夫妇和美协广州分会的工作人员到车站迎接。余本和徐东白离港之前，曾在德辅道中香港进出口商会举行告别画展。

9月28日，余本在华侨新村新寓所招待画家朋友，黄新波、赵本、黄笃维、冯钢百、汤由础、何克敌，还有刚从香港回来的徐东白等画家欣然前往，"在光线明亮的新画室中，墙壁上挂满了他（余本）的作品，地方虽然不算大，布置却充满了艺术的气氛。主人热情地招待着客人，余太太不断给客人端送咖啡和果点，客人们忙着欣赏余本的作品。从他学生时期在加拿大入选的早期作品到近作，他介绍了各个时期的创作

---

[1] 见1956年9月13日香港《文汇报》第三版《画家余本举家归去》。

经验。同时让客人们参观他的多年藏书,欣赏了世界名画家伦勃朗、莫奈、马蒂斯的画册。他们交谈了个人的创作计划,余本首先提出,他已准备最近以美丽的珠江河畔风光,作为他回广州后第一个创作的画题"。①

余本被安排在中国美术家协会广州分会工作,每月工资360元。租住在华侨新村和平路8号,这是一栋二层的小楼,每月房租70元。当时的华侨新村周边是田野,离市中心有5公里。

余锦森:搬家的故事

1956年余本受邀回国,暂住在南方大厦②七楼的客房(以前南方大厦高层是做商业旅店的),有餐厅客房等设施,住了2~3个月,这段时间余本经常携画箱在珠江口一带写生,以及与广州老一辈画家和当时的美术界领导人见面,等等。

余本对居所有什么要求?回答总是"能安静画画就行了",从不考虑儿女学习、医院远近、买菜生活方便等问题。余本及家人1956年回来,华侨新村是1954年开始建设的,当时那儿是广州近郊,也是广州的乱葬岗。1956年华侨新村已初具规模,有几十栋小洋房。起初联系了位于华侨新村原和平路21号的业主陈先生,这原是一位印尼华侨的住所,余本看了之后认为适合就租了下来,租金每个月70元由余本支付。业主陈先生当时也不在广州,房子由子女三人及小妈(马大姐)居住,余本住底下一层约两房两厅,有较大的厨房和卫生间,两个厅分为客厅和餐厅,画室与客厅共用,有花园闲地。在这里居住时,余本创作了油画《华侨新村街景》《庭院》,其中一幅《庭院》在北京拍卖时被广东美术馆买了下来。1958年春节,广东政府邀请一位南美洲智利艺术家到余本家里与中国人民共度春节。当时因物资缺乏,菜肴由东方宾馆提供,余本家里只做了一款焖芋头。住了两年,业主因事收回房子,余本太太联系了另一位街坊朋友徐先生,把家搬到了华侨新村原和平路27号,也

---

① 见1956年9月31日《大公报》第三版《余本在新居招待国画家》。
② 南方大厦建于1922年,是全国第一座钢筋混凝土结构的高层楼房,楼高12层。

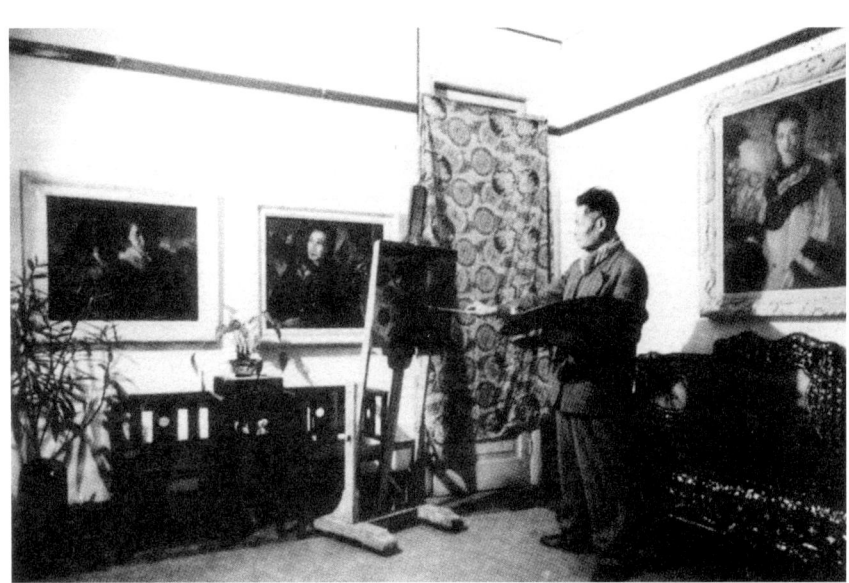 

| 1 | 2 | 3 |

1. 余本（摄于华侨新村和平路21号）

2. 1956年9月28日余本在新家与画家们谈画

3. 左起：黄新波、徐东白、余本、冯钢百、黄笃维、汤由础

是一幢小洋房，也是租住楼下一层，一样是两房两厅，入门为客厅，另一小厅为画室，因半圆形大玻璃窗采光很好，适合绘画，但不适合挂画，没有完整墙面，地方不大。余本在这里创作了几幅旧时淘金路的风景，当时还没有淘金路，只是一条行人走出来的小泥路。住了3年，业主又是因故要求收回房子。这段时间湖边新村正在建设，美协给余本安排了一幢房子，余本也去看了，因怕四周均是美术界人士，怕大家整天串门，没时间画画，所以还是继续租住华侨新村。自从政府安排居住华侨新村21号后，以后的搬迁租房等问题都由余本夫人亲自解决，因从那时开始，她已是华侨新村的街道组长，对华侨新村的情况十分了解，人缘十分好。平日帮助街坊们解决家庭小事，余家有困难时很多朋友也帮她出谋献策。最后选择的华侨新村原和平路8号，也是一幢两层小洋房，业主熊先生已回印尼居住。余本也是租一层两房两厅、入门一个大客厅，再进去是个大餐厅兼画室。余本用两块大布帘分隔客厅与餐厅，又分隔餐厅与厨房的通道，都是为了保证他作画时的安静和不受干扰。这段时间是余本艺术活动和创作活动顶峰时期，油画作品《海珠桥》《田间归来》《雨中出勤》等等，以及到东北、海南、广东四乡等地写生活动。因为地方交通方便，黄新波、红线女、杨善深等文艺界朋友也常来探访。

1980年，广东省政府邀请法国国家电视台来采访余本，除拍摄一些

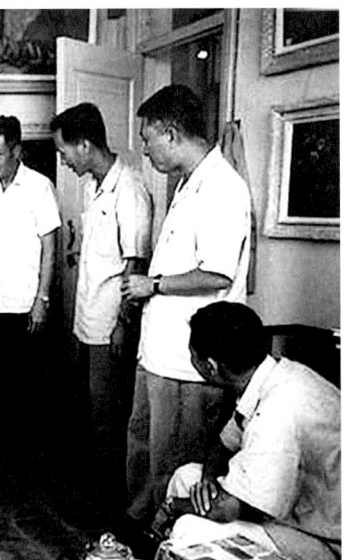

他作画的情况外,也问及他的经济情况,如问余本:你银行有存款吗?有多少存款?这些问题经翻译多次解释,余本才明其意,回答说:我不认识银行,也从来没有去过银行,我的生活只是每个月叫小孩到政府领取我的工资来过日子而已。

1982年,业主因故收回房子,余本已踏入晚年,精神状态远不及当年,对住所问题极为忧心烦躁。也庆幸余本太太人缘好,在余本的朋友钟先生的支持和政府有关部门的同意下,钟先生把自己住的一幢两层小洋房给余本扩建及加层建造。此即为余本晚年的居所——华侨新村和平路14号之一,建成后余本晚年在此安度,至1995年去世。

"虽然我们前后搬了四次家,但都始终是在华侨新村和平路这个范围之内。我看到父亲的资料,当年加拿大的媒体报道有一篇的最后一句是这样写的:It is his ambition to go some day to China and paint Oriental life, then return to Canada and make his living and home here.他想回中国画画,想画东方的生活,最后一句,他要回加拿大生活。但回国之后,我完全没有听过他说想回加拿大。但他漂泊不定的居住心理,我能感受到,因为到哪里他都不肯买楼,无论是在香港还是回到内地,包括在华侨新村。"

1955年11月,中共中央决定召开一个全面解决知识分子问题的

| 1 | 2 | 3 |

1.2.齐白石为余本治印两方
|
3.女军医
1957年
油彩板本
76cm×64cm

会议,并成立以周恩来为首的"中央研究知识分子问题十人小组",该小组在全面调查的基础上,提出《关于高级知识分子待遇问题的意见》,附有全国860位高级知识分子及高级艺人的名单(草案)。其中提到,中央美术学院教授齐白石工资230元,中央美术学院副院长吴作人工资169元;中央美术学院叶浅予、董希文工资156元;中国美术家协会秘书长华君武工资170元。1956年6月,国务院颁布了《关于工资改革的决定》,规定:一级教授345元,二级教授 287.5元,三级教授241.5元,四级教授 207元。① 从这些资料看,余本当时的工资高于一级教授,是作为非常特殊的高级知识分子对待的。

1956年10月15日,"香港画家作品展览"在广州文化公园举行。在展览展出前,中国美术家协会广州分会在展场举行了座谈会,邀请港穗美术界人士40多人参加。画展展出了余本、徐东白、谭华牧等8位画家的作品145件。这个展览还分别在北京、上海、武汉巡展。

余本曾对朋友说:"世界上没有一个国家有中国这样广大、美好的风景,让你画一生也画不完。我看见了祖国的锦绣河山,我觉得二十几年来无数次去香港仔只是画那些画厌了的风景真是生命的浪费。"莫泊在谈到余本时说:"在他的创作生活上,从来没有看见过画家在这个时代这样被重视、关怀,画家可以到自己喜欢的地方去写生,画自己中意画的东西,而在以前余本只能依照雇主的胃口去从事创作,余本第一次为自己是一个画家而自豪;在过去那个时代,凡画家都是'老子天下第

---

① 资料来源:https://baijiahao.baidu.com/s?id=1587447374497858428&wfr=spider&for=pc

一',彼此都看不起,余本就是从这样的时代过来的。在一次颐和园游湖中,一群初见面的油画家如董希文、吴作人、李宗津、艾中信等和他在一只画舫上畅叙,他的台山口音广州话无碍于他们交流经验,他第一次发现画家们对他热情、诚恳的关怀,他第一次在一群同行当中得到热情的鼓舞。"①

1957年2月,余本加入中国美协广州分会,创作了《女军医》《美丽的广州》《农妇》。同年计划到北京举办画展。

1957年4月,第一届中国出口交易会(又称:广交会)创办,十几年后,广交会成为广东画家施展艺术才能的可贵舞台。5月,广东省举办了较大规模的"华南美展",展出作品400余件,参展作者300余人,余本有4件作品参展,包括《守卫》《七星岩》《少女》《海珠桥》。美协广东分会从1956年起,每年组织条件许可的会员分批深入生活,少则三个月,多则一年,形成制度。1957年5月,中共中央先后三次发出关于干部参加劳动的决定,全国有百万干部下放到农村和工矿企业参加劳动。1958年后,中国美术家协会向各分会和全国美术家提出五项倡议,强调美术创作和美术工作要重视普及,面向劳动人民,在多创作的情况下,要保证质量;对群众美术活动要加强辅导;并提出画家要深入生活,参加体力劳动。美协广州分会于是组织会员上山下乡,下放劳动,其他会员根据不同情况,到生活中去走马看花或旅行写生②。这种走马观花式的采风当年被戏称为"跑马队"。1957年11月,《人民日报》发表社论,首次提出"大跃

---

① 见1956年9月15日香港《文汇报》。
② 《会务工作报告1956—1960年》,见《广东省美协1956—2006文献集》,岭南美术出版社,2011年版,第120页。

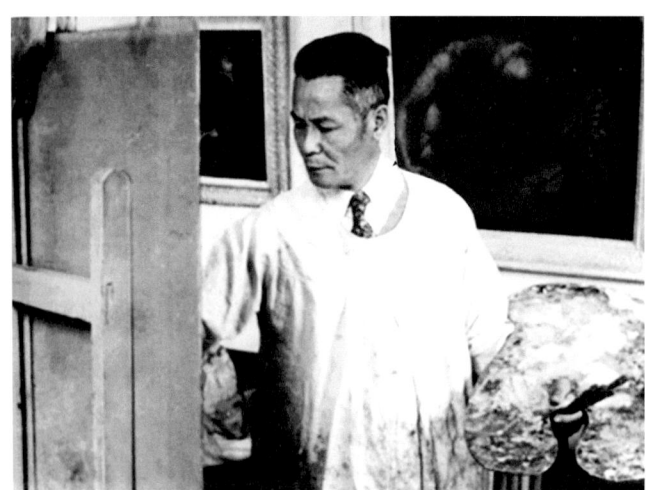 

1 | 2

1.1957年摄于华侨新村和平路原27号画室

2.1959年余本在画室作画

进"的口号。在整风、反"右"、全面"大跃进"和美术家下厂下乡进行劳动锻炼的基础上,全国美术界掀起规模巨大的创作热潮。美协广州分会有画家提出3年创作100张油画的计划,但在美协当年的档案资料中,没看到余本具体的跃进计划。

1957年8月1日,庆祝中国人民解放军建军30周年纪念美术作品展览会在北京劳动人民文化宫隆重举行,这是全国美术界的一个重大创作展览活动,由中国人民解放军总政治部文化部、中央文化部、中国美术家协会联合主办,共展出作品420件,广东入选了26位画家的37件作品,其中被誉为红色经典的雕塑《艰苦岁月》,就是潘鹤为这次展览创作的。余本入选参展的是油画《女军医》。余本以沉稳的个性,适应着从资本主义到社会主义社会形态的转换,适应着生活内容和节奏的转变,肩负起参政议政、服务社会的责任,1957年担任广东省政协委员,省人大代表。

余本对新中国的接受是因为这个新的社会消除了阶层和阶级的隔阂,基于公众利益来管理和分配。有道是,苹果不会掉在离苹果树很远的地方。余本回到了苹果树下。然而余本面临着更大的问题,新生活使他感到兴奋,但如何在艺术中理解主流话语,在当代的语境下表达自己的思想和感受,这是余本的新难题。

1958年3月,广东省、广州市召开文艺界"大跃进"动员大会,要求画家们下乡下厂,到"大跃进""大炼钢铁"和人民公社化运动中去体验生活。

4月10日，余本随广东省政协学习团到湛江专区进行整风学习活动，同行的还有雕刻家梁竹亭、国画家卢子枢。他们到湛江南三岛、廉江的安铺镇、茂名的电白、博贺林带、海陵岛等地，考察水利、农业、林业、渔业、畜牧、蚕桑、油矿、机械化、电气化、卫生文化教育等情况，了解当地干部和群众在"大跃进"运动中的工作热情和成果。在5月21日的《参观学习总结》中，余本写道："书生不出门天下事不知，坐在办公室里想入非非，谬论百出，思想大大落后于形势。这次出门参观学习整风体验生活，明辨是非，分清社会主义的道路与资本主义的道路谁优谁劣，何去何从。我以前对政治是不感兴趣的，对一切事情的认识是模糊的，这次参观学习得到很大的教育。"他努力去了解社会和人群，感受泥土的气息、环境的变化，写下了详细的总结报告。

5月31日，广东省文联组织作协、美协、音协、剧协四大协会组成广州文艺界新会访问团，联合在新会举办大规模的艺术下基层活动，美协带去了画展，音协、剧协带去了广东音乐和粤剧演出。余本随访问团一行240人冒着风雨前往新会，他们参观了圭峰山劳动大学、城郊城南农业合作社、龙潭水库工地和农业馆、废物利用展览会等。

社会主义国家造型艺术展览

1958年的另一个重要工作是为"社会主义国家造型艺术展览"准备作品，"社会主义国家造型艺术展览"有12个社会主义国家参展。广州市市长朱光担任这个展览的筹委会主任委员，他说："画家的工作就是画出为社会主义服务的画，社会主义的内容是广阔的，俯拾即是，如果表现得好，就是一个人物的形象，也可表现出社会主义的内容来。"美协要求参展作品"具有社会主义内容和民族气派，并能体现百花齐放的精神"，以反映华南地区工农业"大跃进"的新面貌为主要创作主题。中国美协为了使组织工作顺利进行，特派美协展览部主任郁风到广州协助。在创作座谈会上，与会者介绍了各自下乡下厂的所见所闻，交换了采风的感受，互相启发讨论创作选题。为发挥集体力量，更细致地交换对创作草图的意见，美协成立以创作题材来划分小组，包括工业、农

1. 兴隆农场
1962年
油彩板本
54cm×79cm

2. 炼钢小高炉
1959年
油彩板本
30cm×41cm

3. 田间归来
1958年
油彩板本
76cm×64cm

业、城市建设等，以小组的形式研究主题和表现方法。

余本边参加整风边进行创作，还与黄新波、冯钢百、徐东白一起到新会采风，先后创作了《造船厂》《田间归来》《战斗英雄像》等作品，其中《田间归来》因具有鲜明的时代特征并真实地表现了20世纪50年代中国农民的精神气质而成为他回国后完成的代表作之一。同年12月"社会主义国家造型艺术展览"在莫斯科举行，余本的《田间归来》入选参展，并被展览会印成明信片发行。全国共入选作品277件，其中广东入选22件作品，此外余本还创作了《广州风景》《捕鱼》，由上海人民美术出版社印成单张发行。

1958年8月,中共中央开展全民大炼钢铁运动,从雷州半岛到粤北山区,从珠江三角洲到潮汕平原,十几万座大小不一的炼钢高炉平地而起,55岁的余本太太也参加了华侨新村街道组织的炼钢活动。余本随省政协学习班到海南岛旅行参观,只见海南到处大炼钢铁,气氛热烈,参观所到之处,热火朝天的蓬勃景象令余本心情激动,他用画笔记录了当时的情形。但接踵而至的全国性三年经济困难,又让他困惑不已,但他始终相信共产党的领导,也肯定祖国建设的基本成就是伟大的,成绩是主要的。

1.广州风景之一
1958年
油彩板本
60.5cm × 76.5cm

2.1959年余本在韶山采风

湖南写生

　　1959年4月，余本和李云、邓耀平三人应湖南人民出版社的邀请到韶山写生。他们到了毛泽东主席故居、毛氏宗祠、毛主席少年时代游泳过的地方、韶山学校、青年水库、长沙清水塘、湖南第一师范学校写生，画油画10余幅，并在湖南人民出版社做内部观摩、讨论画稿。其中《毛氏宗祠》《韶山卫生所》《韶山气象观测所》《韶山学校》由湖南人民出版社印刷出版。同年6月，毛泽东主席回到了阔别32年的故乡韶山。

　　6月，广州市市长朱光在一次会议上对广州的画家说道："我们要画的东西太多了，能入画的东西太多了，能跑到你们颜色碟子和笔尖上的东西太多了，可是有许多东西还未接触到。10年来，工业、农业、人民的生活、人物……所有一切的现实，最美的，太多了。"朱光是一位有魄力、有文化、爱艺术的政府官员，在他的大力支持和具体指导下，1959年广州国画院①筹备成立。

　　1959年6月，广东遭遇了百年一遇的特大洪水，东江水位高达17.57米，与此同时国家大量出口粮食以加快军事工业的发展，而国内却面临

①广州国画院于1962年底改名为广东画院。

着大面积的粮食歉收,粮食供应出现问题,全国性的粮食短缺和饥荒接踵而至。夏天,政府号召大家节约粮食,余本表示响应,但其实他的粮食定量只有18斤,自身口粮已严重不足,他没有声张,更没有发牢骚,直到美协工作人员发觉失误,才给他调高了粮食定量。余本的命运就这样与新中国紧密相连。政治生活之外,他更专注的是艺术的劳动。美协广州分会1958年有一份对余本的书面鉴定,写道:"(余本)回国后深深感受到党和政府在生活上给他的照顾,表示甚为满意。过着勤劳的绘画生活,不断产生新作品,颇受群众的喜爱。……群众关系好,作风正派,积极参加社会活动,对人一团和气……"

1959年,余本工作的重点是为新中国成立10周年美展创作作品。5月,美协广州分会举办了"第二届华南美展",从中挑选作品参加10月在北京举行的庆祝新中国成立10周年美展,即"第三届全国美展",中国美术家协会要求画家"以总路线的精神进行创作,使祖国伟大的10年在各方面成就能通过造型艺术得到反映"。美协广东分会要求画家们

1.毛主席故居
1960年
油彩板本
41cm×51cm

2.1960年11月7日香港《大公报》发表曙东的文章《老美术家谈美术——余本、梁竹亭访问记》

"争取投身到生产战线上,做到思想落户,改造自己,深入生活,从而获得创作的源泉"。余本这年创作一批作品,其中《雨中出勤》《毛主席故居》《女民兵》《摘荔枝》《城郊》等入选参展。此外还创作了《公社自有回天力》《水库工地》(素描)、《收割》《华侨新村》《白云山上》。

余本这些作品的风格有所改变,用笔、用色、构图均更加精练,现实感增强,但无论是他的风景画还是人物画,与当时片面强调美术创作必须为政治服务、提倡画重大题材的要求显然有距离,事实上这不是个别现象,广东美术界均如此,公众普遍认为深刻反映现实、富有革命浪漫主义的作品少。究其原因,广州美术学院的徐坚白认为:一方面是画家对题材不熟悉,推敲的时间不够;另一方面展览对作品的限制较多,而画家也太追求完整性。在美协广东分会组织的创作座谈会上,有人对余本的《女民兵》提出意见:认为他分析生活、深入生活不够,用这样的方式画女农民、少女合适,但用以表现今天的新人物则值得探讨。批评者认为他的油画技术好,但不是直接反映生活,内容上不够理想,甚至有人直接指出他的新作软弱无力,不及过去的作品有力量。

余本说:刚回国那段,"因为我的政治水平低,又没有体验生活,不会写政治题材的作品,心情很苦恼,与黄新波探讨,他说照你过去的写法,写颜色明朗些就是。有一次他来看我写海南岛莺歌海盐场水闸风

1.新丰江水库（速写）
1960年
29cm × 39cm

2.新丰江水库（色彩写生稿）
1960 年
油彩纸本
29cm × 39cm

3.余本出席全国文学艺术工作者第三次代表大会照片局部

景画，他说这样写可以呀"。余本想成为一个新时代的画家，但作品依然不自觉地流露出古典主义和印象派的印记。

　　1960年11月，香港《大公报》记者曙东采访了余本，他在文章中写道：一幢粉红色的小楼房坐落在华侨新村左面高地上的尽头，楼房外面的花园里花木扶疏，环境清幽，周围是静悄悄的，有时连梧桐叶落地的声音都会清晰地传进屋内。住在这幢楼房里的主人就是几年前由香港回来的画家余本。我这次去访问他的时候，他正在花园里种菊，"一手都是泥呀！"我伸手去和他握手的时候，他摊开两手。两三年不见，画家还是那个老样子，就是牙齿似乎少了几颗，笑起来怪有趣的。他的客厅里尽是油画，墙上挂的是过去的作品，地上摆的是刚完成或正在画的新作。

　　余本告诉记者，几年来走了不少地方，包括东南、东北多个省份，还到过海南、湛江、茂名、廉江、电白、阳江和海陵岛，今年还去了新丰江，并重游湛江、海南岛，既参观也画画。

出席全国文代会

　　1960年六七月，中国美协主办的"全国美术展览会"在故宫、北海公园、美协展览馆同时展出，参展作品910件，广东入选39件。1960

年7月,余本作为全国文艺工作者第三次代表大会代表在人民大会堂开会。他说:"在中南海毛主席接见了我们,并与我们合影,我心情很兴奋。"接着他在北京参加了中国美术家协会第二次会员代表大会。他在自传里写道:"1957年当了省政协委员,省人民代表,1964年又被选为全国人大代表。我曾对黄新波说,我没有资格做。他说参加开会听听报告就是。我心里想这是政治照顾吧。又当了广东画院副院长,我说我没有资格,黄新波说这是省委定下来的。……"在北京开会之余,余本也在京城画了不少速写,如《北京风景》《北京鼓楼》。

1961年5月1日,美协广州分会主办了"余本油画展览会",画展在广州市文德路广州画苑举行,展出作品83件。画展结束后,余本说:"1961年中国美协秘书长华君武到广州时,我在文化公园见到他,他说东北很美,邀我到东北旅行,看新社会主义建设,看看祖国美丽河山,我答应了他的邀请。"

东北采风

1961年6月底,余本应中国美协秘书长华君武的邀请,动身去东北采风。他先到北京,与中央美术学院院长吴作人,女画家萧淑芳、郁风会合,一同乘火车前往黑龙江,他们从哈尔滨到太阳岛、到镜泊湖、到新青林区、到长春、到延边,边走边画,余本说:"哈尔滨不仅是个美丽的城市,人民生活也非常愉快,在街头上遇见的人都是衣着整齐、满面笑容的。黑龙江的原始森林和加拿大的森林一样,高耸入云不见天哪。" 哈尔滨的风柔和地吹拂着画家的头发……旅行使他快乐、使他精神振奋,使他看到了友善和淳朴。

余本他们来到神往已久的镜泊湖,驾船环游湖面,水凉风清,别具一番幽远景致,湖岸上赏不尽的奇花异草,蔚蓝的、金黄的、紫的、红的,花的颜色鲜艳夺目。在镜泊湖他们巧遇也在写生的傅抱石、关山月、程甲锐等十多人,众人在镜泊湖举行了一次小型写生观摩展览。

在伊春,画家们来到新青林区,见沿途许多林区,堆积如山的木材。新建的工厂、商店、住宅使荒凉的林区变成多彩的城市,青春的力

1. 1961年七八月间余本（后排右二）在东北采风

量无处不在。高耸的白桦林、松柏林在晴空下显得宏伟壮观。在他们离开新青林区时，山洪暴发，火车被迫退回新青，黑龙江省委有关人员闻讯，即到车站将画家们接回伊春，用飞机送他们回哈尔滨。余本说："党和政府对我们无微不至的关怀，让我们非常感动。"

在花园城市长春，余本他们乘坐长春第一汽车厂生产的汽车外出写生和参观。在延边，朝鲜族人民开舞会欢迎他们，余本为朝鲜族演员写生，临别时，当地赠送两套女式朝鲜族服装给萧淑芳、郁风两位女画家，余本获赠一双男式朝鲜鞋。"这样的事在旧社会是不可能想象的，在新社会，我们走到哪里都一样地受到盛情、友好的接待，亲密得就像一家人。想想我在旧社会时，靠卖画为生，维持一家八九口人的生活，也曾想到全国各地去参观、旅行，借以扩大视野汲取创作的泉源，奈何为经济条件所限，不能成行。今天才如愿以偿。我感到我们的祖国太可爱了，我要用更新更美丽的形式来表达祖国的新面貌。"余本说。两个多月下来，黑龙江金色的田野、镜泊湖静谧的水面、小兴安岭的雾霭与层林、吉林挺拔的白桦林给他们留下了深刻的印象。余本带回六七十幅画稿，最终创作了40余幅写生作品。采风使画家们结下了友谊，收获了作品。

| 1 | 2 |

1.朝鲜姑娘
1962年
油彩板本
80cm×54cm

2.镜泊湖风景
1961年
油彩纸本
20cm×28cm

事后余本对罗宗海①描述道:"不得了,原来东北也有这么好看的

① 罗宗海(1935—),生于广东潮州。1958年毕业于中南美术专科学校油画系,曾任岭南美术出版社副总编辑、广东省新闻出版局局长。1991年任广东省美协党组书记,第四、五届广东省美协副主席。

山山水水,树林很高,都望不到树尖,树大到我们几个人抱都抱不住,你不感动都得感动。"罗宗海粗略算了一下,他的草稿里面的树林大概是10张,其实不止。说到松花江边的木排,余本比画着说:"你都没有看到那样的大木排,我们这边的木排算什么木排,他们的木排这么粗这么大,把它们拴在一起,从上游下来,让人激动得忘乎所以。"

◆女画家郁风[①]用文字详细记录了这次采风活动:

在两个月相处和作画中不断观摩切磋,使我了解到余本是一位勤学苦练的画家,凭他多年艺术实践的经验,自己摸索到一种写生方法,这种方法有些和中国画的传统方法相类似。

在余本此行的写生作品中有若干都是描写我们从火车上所看到的景

---

① 郁风(1916—2007),生于北京,原籍浙江富阳。中国著名画家,早年在北平大学艺术学院及南京中央大学艺术系学油画。曾任中国美术家协会书记处书记,中国美术馆展览部主任。

物。当时既不可能对景写生,连构图完整的铅笔稿都来不及,但余本却从车窗外,变幻千百的构图中选取了画材。这些画稿不像一般构图取景的框框,没有所谓近景中景远景的错落层次,其中如《秋天的原野》的构图主要是利用平地上黄绿相间的田畦和一条路的横直斜线组成,给人舒展开阔的感觉,恰恰符合这一题材的特点。而这种新鲜的构图是从火车中动的变化中得到的,并非按照具体对象如实写生,但是它所表现的景物的特点和感觉,却是非常真实的。又如在展出的许多油画里,几乎每张天空的调子都不同,云的处理变化丰富,这也是由于他随时注意观察和记忆天空、色彩、气氛变化的结果。根据不同题材、不同情调的意境和艺术形式需要,他可以从平时观察的记忆宝库中调兵遣将,找到适合整个画面的天空调子。因此,他在作画时,是能够做到"意在笔先"的。

余本出外写生,常常是拿一张纸折上几折,翻来翻去,用钢笔或铅笔记录许多别人看不大明白的小画面,主要是靠记忆。他说,到了一个新地方被许多新鲜感觉吸引着,总想尽可能多吸收,多画一些小稿子,回去还可慢慢咀嚼,细细加工。但是,不论是速写稿或心里记忆,都不可能记得很完全,因此,在观察的时候,要记什么与不记什么就必然要有所选择。同时记忆也不能持久,所以还必须抓紧时间画成色彩的小

1. 人民大会堂黑龙江厅画稿

2. 1962年为人民大会堂黑龙江厅作画

3. 《光明日报》报道

稿，以后再加工画成较大篇幅的作品。[1]

余本对记者说："由东北回到北京后，我们在北京开了一个旅行写生展览会，黑龙江省委请我为人民大会堂黑龙江厅写了一幅林区风景画，这时我的太太也来到北京，我们在北京过了国庆节后返回广州，又在广州开了一个东北写生展览会。"同年10月14—29日，中国美协、美协广东分会主办的"余本油画展览"在中国美协展览馆举行，展出作品145件。与他受邀回国在天安门上参加观礼相隔5年，他从归国华侨变成为人民服务的艺术家，他让首都民众看到一批有别于当时主流风格的油画作品，为当时的中国美术注入了清新的气息和来自欧美的艺术风尚，余本的名字开始在国内美术界备受瞩目。10月26—28日，"吴作人、萧淑芳、郁风旅行东北写生观摩"在中国美协展览馆举行，展出作品97件，这两个展览相会于北京，同时在北京向观众展示他们的旅行心得与收获，为四人同游东北的采风活动画上了圆满的句号，成为一时佳话。比他们更早些，9月底，"傅抱石、关山月旅行东北三省写生作品观摩"在中国美协展览馆举行，展出作品61件。可见当年画家们出门采风极具行动力、研究性和学术性，回来马上拿出作品进行观摩，关山月有句名言："不动就没画"，关老终生言行一致。

① 郁风：《余本的写生方法》，载《永恒的朴素》，岭南美术出版社，2017年版，第148页。

1	2	4
	3	

1. 黄新波像
1962年
油彩板本
37cm×27cm

2. 1961年摄于广州华侨新村和平路24号余本故居前。从左至右：余本、王晓吟、王匡、田蔚、洪文开

3. 1961年余本与太太在天坛

4. 1962年为人民大会堂广东厅绘制《南海之滨》

  余本曾给著名粤剧演员红线女画肖像。比余本早一年，1955年底红线女从香港回到广州，也住在华侨新村。余本说："有一次黄新波陪同红线女①到我家，叫我写红线女的肖像。我写了一幅，但我不甚满意，后来我叫她再来修改，她来过一两次，因为她很忙，最终没有完成。"这事余锦森也记得，他说："那时我们住在华侨新村和平路8号，红线女住友爱路那边，她的车每天经过我们家门口。因为都是从香港回来的，有些往来。红线女很有名气，只不过我父亲对粤剧不大感兴趣，对红线女的艺术造诣大概也没有什么认识，红线女慕名请我父亲给她画肖像。"余本回国后给名人画肖像并不多，除了画红线女，还有一次是画王匡。王匡是广东东莞人，比余本小12岁。他20岁参加革命，1946年曾任周恩来秘书，参与筹建新华社。20世纪60年代王匡任省委常委、宣传

---

①红线女（1924—2013），原名邝健廉，祖籍广东开平，中国著名粤剧表演艺术家，开创了粤剧史上花旦唱腔流派之一的红派艺术。2009年荣获首届"中国戏剧终身成就奖"。

部部长。余本说:"一次黄新波、关山月和我到王匡家,黄新波和王匡谈出版画集的事情,王匡也谈及写人像要形象美观等。我对他说,你如果喜欢做模特,我给你写一幅肖像。过了几天,他到我家,我写了一幅像给他。"时间大概是1961年夏天。

1962年11月24日,经中共广东省委批准,广州国画院改名为"广东画院",同意黄新波任广东画院院长,余本任广东画院副院长,关山月兼任广东画院副院长。由此,余本从美协广东分会调入广东画院。这一年,余本为人民大会堂广东厅绘制巨幅油画《南海之滨》,当时美协的青年画家何克敌给他当助手。10月与杨纳维、王立等人去阳江闸坡体验生活。

1963年2月13日,《羊城晚报》报道:广东画院决定分组下乡,其中黄新波、余本、黄笃维、邓耀平去汕头一带采风。余本说:"从东北旅行回来之后,我努力写颜色明朗些的作品。"

香港"余本油画展"

1963年5月,由中国美协广东分会主办的"余本油画展"在香港举行。余本说:"我也希望拿祖国的风景给香港的同胞看看。"画展开幕前一天在香港会展中心举行预展,招待中外美术、文化、新闻界人士和美术品收藏家。到场的有陈复礼、钟汉琦、黄般若、黄潮宽、伍步云、李凡夫、任真汉等余本的好朋友以及有关人士上百人,他们对余本的新风格感到格外兴奋。5月24日,"余本油画展"在香港大会堂八楼展览厅开幕,共展出6天。这次展出的油画近作共101件,包括风景、人物、静物。除了25件注明非卖品之外,其余全部标价出售,从港币300元至1500元不等。

展出的作品是余本1957年至1963年春天之间在海南、广东、北京、吉林和黑龙江等地写生所得。工地、农场、渔港、森林……强烈的色

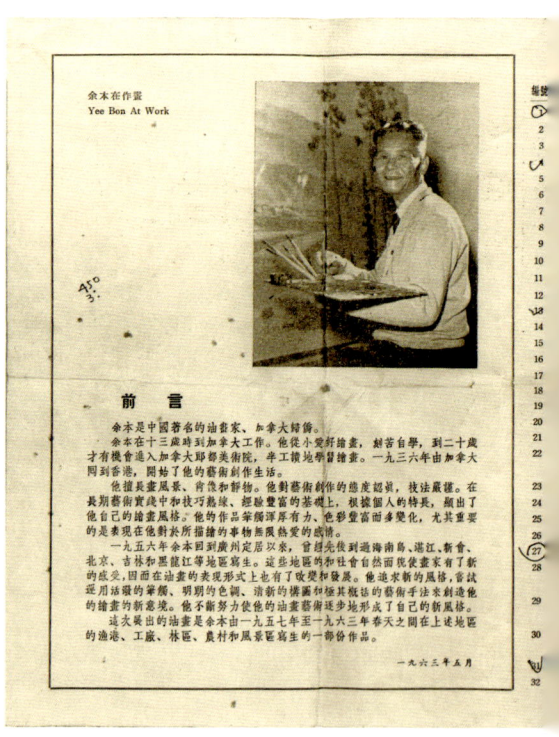

上篇 / Part I　　回归新中国 / Returning to the People's Republic of China

调、老辣的笔触，令人感动。香港观众发现，余本的作品有了新的追求，将若干种风格糅合成自己的风格。而这次在香港举办余本展览，目的之一是培养香港民众对本土文化的认同感。

《星岛日报》报道："正在大会堂展出的余本油画展，昨天是展出以来的高潮，整日观众如潮水般涌进来，其中有些是学校的图画教师带了爱好美术的学生前来参观，他们把这次画展当作名画欣赏的机会，有些观众是第二次或第三次参观，每次逗留的时间都很久……由于外籍观众对余本比较熟悉，这个画展的外籍欣赏者特别多，他们有些甚至向主持者提出一些有关展品的意见。有一位六十多岁的外籍观众和画展主持者在研究余本油画风格的改变问题，他是余本作品的老读者，他了解余本过去的作品不是这样的，甚至他看出油画签名方式也改变了。过去一律签英文名字的，而现在则是写着图章式的余本二字，这个外国观众的欣赏是相当细致的。展品有许多已被订购，这些订购的收藏家一部分已经是收藏过余本的作品的，其中有一位还是专门收藏余本各个时期的作

1	2
3	4

1.2.3.4.1963年余本香港展览场刊

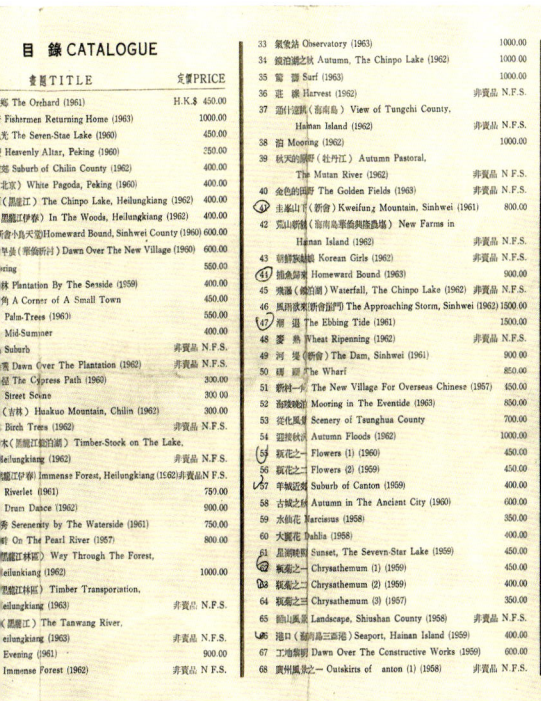
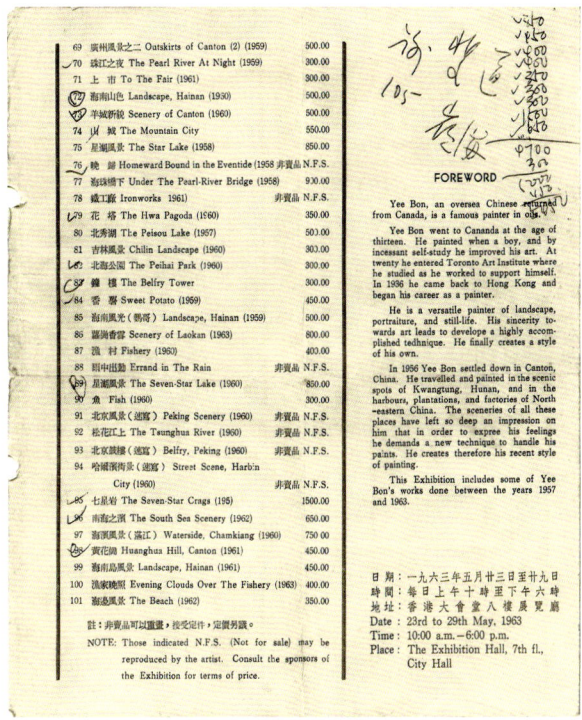

品,可见他对余本画的喜爱之深。"①

人们看到,余本回国后的油画风格大有转变,日渐放弃了棕褐色的古典色调,转而赋予画面明亮的色调和清新的气氛,以浪漫主义的热情,讴歌祖国光明的现实,绘画中色彩的纯度和亮度较过去明显提升,呈现出一种更富民族特色的现代油画形态,作品的主题围绕着新中国蓬勃发展的社会主义建设和农民生产劳动而展开,透过这片炙热的土地,人们看到腾腾升起的社会主义理想。

黄蒙田在文章中写道:"余本的创作生活从一个时代跨到另一个完全不同的时代来。几乎可以立刻就看到他的创作有不同的面貌,这种新面貌出现的前提是,由于他在这个新时代有不同的感受而产生不同的感情。……我留意到一件事情,此时是余本自20世纪30年代以来,第一次在创作的时候无须同时想到这幅画将会被怎样的雇主买去——他解除了为作品卖不出去而担忧、卖出了又永远不能回到自己身边的矛盾。这样的痛苦不是那些并非在旧时代过来的画家能够理解和想象的。余本从长期对一个画家强大的精神压力之下走出来,他的心情从来没有那样开朗过,虽然余本不是以欢呼和歌唱表达自己的感情,依然是默默地用笔触和色彩构成的形象代替欢呼和歌唱。他那些稳重、沉郁的油画,正包含着像火一般炽热的感情。"②

任真汉的文章指出:"余本回穗后,这六七年来,画风变化得很大,色彩也丰富起来了。我每年都回去访问他的画室,欣赏他的近作。这些年来,渐渐使我发现了余本的追求目标——中国画的表现法,已经一步一步地走上成熟的阶段。余本之追求中国风格,远在1950年前后,已经有了开端,不过那时只是找些中国画题材,例如画水中游鱼,上有桃花一枝。在当时被洋画家看作是中国情趣的尝试,他也自认是要摸索这条路子。"③

对于热爱生活的人来说,世界每天展开一片新的天地,生活也因此

---

① 1963年5月27日香港《星岛日报》:《余本画展》。见《永恒的朴素》,岭南美术出版社,2017年版,第112页。
② 黄蒙田:《余本画集·序》,人民美术出版社,1982年版。
③ 见《永恒的朴素》,第99页。

1.余本画展在香港举行

而被赋予新的意义,一个成功的画展便是这种意义生成过程中的一个断面。川流不息的生活,在作品中凝定成煌煌的波光,这当中,有自然昭示于人类的簇新意蕴,有历史文化摇落的遗尘,有既往斗争的烽烟,有现实生活的剪影。

余本诚恳地说:"有人以为我过去在海外画画很自由、很轻松,其实并不是这样。现在才真正得到了创作上的自由。我现在完全不用为房租和家人的生活费、儿女的教育费操心了,我可以全部精力放到创作上,执起笔来也完全可以按照自己的意志行事,有充裕的时间和许多有利条件,鼓励和支持我在艺术上进行有益的尝试与探索。"他体会到一个新的艺术生命正在开始,更体会到衣食无忧、随心所欲地画画的欢欣。

从20世纪50年代后期到60年代初这七八年间,他畅游祖国名山大川、工业基地,足迹遍及大半个中国,感慨良深,他说:"艺术作品是从生活中孕育出来的,倘若生活天地非常狭窄,艺术上反映出来的东西也就必然是贫乏的。"他深情地谈道:"当我游历了大半个祖国之后,我觉得20多年来无数次在香港重复画那些画厌了的风景简直是浪费生命。"

余本从香港返广州后,几年来总是笔不离手,每天沉浸在创作之中。常骑着自行车在广州各处写生。他不断地画风景,在风景写生中诚实地表现眼中所见与心中所感,由此风景画成为余本回来后最重要的表

现形式。在游历大江南北之后,他选择的题材不再局限在珠江两岸的人文风景,而转向大气而丰富的大自然风光,储木场劳作的工人,白云蓝天下金色的农田,喧闹的瀑布、静谧的湖湾,无论动的、静的、有声的、无声的……往往从细节中流露蓬勃生机。余本在乡间长大,喜欢乡间清新的空气与开阔的视野,更享受单独与大自然相处时的静谧与安详。余本说:"以前写画是无所谓的,见到什么写出什么,只要自己爱好就行了,根本不去研究在群众中起作用和影响的问题,我现在才知绘画也是国家建设中不可缺少的部分,作为一个画家责任重大,所以一切要从头学起。"余本的坦率和诚挚由此可见,他静

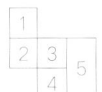

1. 市郊菜田
1962年
油彩板本
31cm×41cm

2. 田间写生

3. 在八达岭采风

4. 在山西与陈永贵合影

5. 1964年在山西采风

静地寻找与时代同步的创作方式，他的写生多半是采风回来后在画室里完成的，却具有写生现场的气息和活力。

1964年广东画院画家工作的重点，是反映新中国成立15年的建设成就，风景画尤以水利建设、电气化建设为重点。余本、李国华、黎雄才等新丰江水库采风，各有收获。2月8日至3月8日，中国美术家协会在中国美术馆举办了"公社风光"美术展览，共展出作品289件，广东入选24件作品，余本的《农村新貌》参展。

山西采风

余本说："1964年山西省文联副主席、美协主席苏光邀请广东画家黄新波、关山月、方人定和我到山西省北部旅行访问，我们到山西访问了刘胡兰故乡、大寨、金沙滩防风林带、水土保持站、煤矿、炼钢厂、黄河、万里长城及其他新建设成就。得到山西省委接待，住高级招待所，在城里用小汽车，到农村用吉普车，来时设宴欢迎，去时设宴送别，十分热情，我也写了一些画赠给当地机构和领导。山西的风光与黑龙江不同，一出门口就风沙扑面，山头光秃秃的见不到树林。"那是1964年三四月，四位画家启程前往山西，这次采风是美协广东分会革命化措施之一，也是广东画院专业创作干部下乡深入生活的具体实施。此后广东画院的画家们经常外出旅行写生，包括海南岛、延安、成都、重

1. 晋东早春
1964年
油彩板本
54cm × 79cm

2. 长城
1965年
油彩板本
64cm × 79cm

3. 余本自传手稿（六）

庆等，各地风景不同的特点和风格，使画家们认识到祖国的辽阔，能入画的地方实在太多太妙。余本回来的愿望，就是希望能画出祖国的锦绣山河，画出东方风格的油画。余本诚恳地说："我还要再探讨、研究，多摸索这条路。以前我的人物画是受古典派的影响，风景画是受印象派的影响，后期受到国画的影响，风格上有变化，这也是我所想摸索的东方民族色彩的油画风格，但是，我还没有画好。"

1964年12月21日至1965年1月4日，第三届全国人民代表大会第一次会议在北京举行。全国出席会议的代表共3040人，其中广东省159名，余本被选为人大代表赴京出席会议，美术界代表还有关山月。在北京期间余本到八达岭长城写生。

送画下乡

1965年10—12月,余本随广东画院美术工作队到广东省斗门县,一方面给农民送画、送幻灯,辅导农村业余美术作者和知青;另一方面进行创作。他们先后在斗门、干雾、白蕉公社和国营平沙农场、白藤农场举办了7次画展,为农民放映了10场幻灯,辅导知青掌握速写、国画、宣传画、连环画和绘制幻灯片的技术。参加这次活动的有黄新波、余本、方人定、徐东白、杨纳维、陈洞庭、张幼兰、李国华和记者陈晓亚,一路上他们写了不少打油诗,记录旅行的经历和感受。其中陈晓亚写道:"斗门风雨锁轻骑,画室春光笑语嫣。队长诙谐谈往事,纳维挥笔写新诗,方老烟卷通湖广,余伯丹青铸铁犀,徐老山头描虎跳,洞庭神女绘忘饥。"杨纳维写道:"成吨行李号轻骑,半百高龄亦壮师。方老三停行百步,余徐二伯鬓双丝,洞庭踏月似虾影,老纳行形似鹤鸡,当有随

行陈记者,金丝眼镜助声威。"方人定写道:"病残老弱号轻骑,频累主人问起居。技术到场忙练习,才华离市觉低微。三餐饱食论咸淡,五谷不分辨李梨。百步毛坑犹怕远,更深唱和打油诗。"当年的知青马国经回忆:"10月下旬画家们来到平沙农场,在几千人的广州知青和本地知青中抽选了18位爱好美术并有一定基础的青年人参加培训班,培训了8天。我们在画家们的辅导下画出了宣传画《枪杆子里出政权》《站出来让祖国挑选》,连环画《养猪姑娘》以及一批农场职工生活速写。画家们还深入生产队,写了一大批国画、油画、速写。"工作队在白藤应部队的要求举办了一次美术讲习课,从各连队抽调美术宣传员40余人前来听课。12月,工作队回到广州。

1965年,美协广东分会召开各种政治学习活动,余本都列席会议,但发言不多,社会活动也较少参加。在一次关于反对现代修正主义的政治学习会议上,他袒露自己的疑惑:"这样无休止的争论有什么意思呢?修正主义不会听我们的话的。"与往常一样,余本的性格温和内敛,待人彬彬有礼。

余本回国后的生活依然保持着西方人的某些生活习惯,余锦森说:"我父亲每天7点左右起床,因为我们要上班,基本上节奏和我们一样,他的生活习惯比较西式,不大喜欢粥粉面之类的中式早餐,早餐喜欢吃牛油面包果酱。我大哥会从香港给他带牛油过来,那时没有烤面包机,他用粗铁丝做了一个面包夹子,每天夹面包在炉子上烤热烤香了吃,吃水煮鸡蛋时,他要用小玻璃杯盛着鸡蛋,用小勺子敲裂蛋壳,剥去蛋壳后撒些盐,用勺子舀着吃,这些都是从加拿大带回来的习惯。我母亲则没什么讲究,中式、西式都吃。"

1.白蕉农场
1965年
油彩板本
55cm×79cm

2.1966年在肇庆写生

经风历雨

1966年5月，一场史无前例的风暴即将爆发。6月1日，北京大学聂元梓贴出的大字报《炮轰司令部》，正式宣告了"无产阶级文化大革命"的开始，这场旨在打倒"资本主义道路当权派""防止资本主义复辟"的运动，对社会生产力、对文化造成了严重破坏，全国上下发生了匪夷所思的混乱和暴行，文化艺术界首当其冲。8月16日，全国性的大串联开始，8月18日毛主席第一次接见红卫兵、学生和老师。10月20日，余本真诚地写道："我希望能对祖国有所贡献，但是我的世界观没有改造好，长期以来我对文艺路线是不明确的，我也希望写出新时代的精神面貌，但是没有深入生活，没有与工农兵建立深厚的感情，因此写来写去写不出好东西来。学习期间我看了三次毛主席会见红卫兵的电影，非常激动，一个伟大的领袖得到人民如此深厚的感情，如此深厚的热爱，世界有史以来是没有过的。"

1. 余本（摄于20世纪60年代）

1967年，"文化大革命"的喧嚣仿佛经过建设新村的农田菜地过滤，使华侨新村依然保持着宁静与理性，余本依然每天画画、浇花……并偶尔发出对形势的探问。余本在《自传》中谈道："1966年'文化大革命'以来，我是参加美协学习，因为我是高级知识分子，没有参加革命组织，心中只是相信群众，相信党，我又不是美协干部，对美协情况不甚了解。"余本以朴素的感情，站在毛主席司令部一边，有时帮忙抄写一些大字报，此外没什么具体行动。他说："武斗期间我住在家里，不敢外出，每天下午4点后就担心夜晚的来临，提心吊胆。所幸毛主席的英明指示'七三'布告及'七二四'布告发表，解放军和工人纠察队出动，控制了武斗混乱的局面，自从工宣队和解放军进驻学校和各党政部门之后，武斗停止了。"他承认自己的政治水平低，头脑也有些糊涂，甚至搞不清什么是造反派什么是保皇派。

"文革"掀动了每个中国人的灵魂，住在华侨新村友爱路的著名粤剧演员红线女，就被剃了阴阳头游街。余本或许曾经看到过一些惊心动魄的事情，于是让孩子帮他一起把从香港带回来的人体画销毁掉。但总体来说，"文革"时期他是个旁观者，他把所有的人都当作朋友，他没有仇人。余锦森不无可惜地说："那些人体画在香港卖得最好，而最好的那几张他在香港不舍得卖，一定要带回来。'文化大革命'时心理压力越来越大，先是叫我把画拿到院子里埋起来，最后实在害怕，直接烧毁了，是他叫我烧的。"这是个奇怪的年代，大量的蛮行和大量的空想！余本迷惑着，不了解种种运动背后的全部意义。

1968年9月15日开始，美协广东分会全体人员与省内各文艺单位一起，被集中到广州二沙头省体育训练基地参加学习班，进行"清理阶级队伍"和"斗私批修"。余本在一篇自述中写道："我自1956年回国至今12年了没有什么贡献，也没有写过好的作品，虽然到过很多地方，皆是走马看花，没有同工农兵相结合，没有好好向工农兵学习，长期在中国赫鲁晓夫的文艺路线下糊里糊涂过日子，很对不起毛主席，对不起工农兵，对不起人民群众。心中很惭愧。"这是按照上级党委部署，以小整风精神，结合批评与自我批评进行学习和做出的检查。接着余本、黄新波、关山月、黎雄才、胡一川、潘鹤等一批艺术家被下放到广东三水南边原劳改场参加干校劳动改造，余本与潘鹤、梁世雄他们一起放牛，梁世雄更成为田里的一把好犁手。

在美协的档案中我发现，20世纪50年代广东和全国美术界一样，很活跃，除了组织创作举办各种展览之外，就是进行各种各样的运动，余本是个在场的旁观者，很多会议他有签到，但基本上没有发言，同时他也是艺术活动的参与者，广东画院组织送画下乡，采风，给知青画家做培训，余本都在场。

罗宗海回忆说：余先生作为一位归侨画家，他与我们一起经历了"文革"，去过英德五七文艺干校，我还陪他睡过大通铺。从比较艰苦的条件下走过来了。当时他的一言一行都没有表现出对祖国的前途失去信念，1956年他回到祖国内地，当时的生活条件与国外的是无法相比的。记得70年代我曾经问过余先生：你回来之后经历过"文革"，你有

1. 采茶
1972年
油彩板本
55cm×79cm

2. 海歌
1969年
油彩板本
54cm×79cm

什么感受？他说：我没什么想法，我是个中国人嘛。

1971年，为筹备中国出口商品交易会开幕、农讲所星火燎原馆、鲁迅博物馆开馆以及为全国美展准备作品，不少画家从五七干校调回广州创作。目前没有资料显示余本具体是哪一年回到广州的，以他的年龄和身份，估计不会在干校太长时间。据罗宗海回忆，大概是在1972年，余本回到广州，和部分画家一起被安排在星火燎原馆画画。

1972年2月，广东省文艺工作室成立，下设美术摄影组，国家恢复了全国性的美术展览，部分画家从干校回到广州，从事美术展览的组织、指导和创作。4月，国务院文化组主办的"纪念毛泽东《在延安文艺座谈会上的讲话》发表30周年全国美展"在中国美术馆举行，广东有33件作品参展。

陈衍宁[①]回忆说："那时我们集中在敬建办画画，地点是星火燎原馆的礼堂（现广州图书馆），每人一摊，各画各的。余本先生也和我们在一起画画，当时他画的是农业学大寨的风景画。还记得70年代每年清明节我去先烈路那边扫墓，会把单车放到华侨新村余本先生家的院子里，扫墓结束再去他家取单车，他常拿咖啡牛奶招待我们。"

林墉[②]在《大珠小珠集》中写道："1972年夏秋，余与衍宁、小铭、启中合画水粉《国际歌》，余本老先生画交易会景，皆参加省展、全国展之制作。余本时时过余等画前三言两语。此套水粉画偏油画厚涂点彩技法，余本先生颇赏识，曾与余曰，此般画作，才是好画，并邀余等四人至余本老先生家座谈。及至，其家居简朴之至。余老先生不用调色板，以旧磁碟代之。画架当箱，十分务实。余老先生不多言语，唯频频呼余等饮咖啡，并代加炼奶，令余十分感动。盖彼时咖啡此物，是上等人士用品，更何况炼奶乃婴儿极品，以此待余等年轻人，可谓隆重。言

---

① 陈衍宁（1945—　），生于广州，国际著名油画家。1959年考入广州美术学院附中，1965年毕业于广州美术学院，1978年调入广东画院，曾任中国美术家协会会员、中国美术家协会广东分会常务理事，广东画院党组成员。1986年移居美国。

② 林墉（1942—　），生于广东潮州，著名国画家。1966年毕业于广州美术学院中国画系。1978年调入广东画院任专业画家。历任中国美术家协会副主席、广东省文联副主席、广东省美术家协会主席、广东画院副院长、广州美术学院院外教授。现为广东画院艺术顾问、一级美术师，享受国务院政府特殊津贴专家。

谈中谈及美国画家萨金特，余本老先生谓常人皆知萨之油画，而极少人知道其水彩画。谓水彩不论人物、风景，寥寥数笔，光色形神俱现。兴致之至，即在书架之书籍夹页中取出三张萨之水彩印刷品，陈旧皱折，余本老先生谓，'文革'时，画书俱焚，唯此数页不忍焚去，乃藏于其他书中，得以保存。此三张为人像及人体，笔笔可数，才气横溢，使余眼界之难得一开。"

为配合1973年的"全国美展"，林墉、陈衍宁、汤小铭、伍启中合作了水粉组画《国际歌》，大小共9件，正是他们合作的这套作品在京城美术界引起了轰动，旋即他们被誉为广东美术界"四大金刚"，至今他们仍是青年画家的偶像，他们的作品更成为中国当代美术史中的经典。

1974年，黄新波送了一件版画作品《起看星斗正阑干》给余本，题款上写道："起看星斗正阑干 1935年12月鲁迅诗，多年残稿偶得，1974年据原版手拓于广州。""起看星斗正阑干"出自鲁迅的《亥年残秋偶作》：曾惊秋肃临天下，敢遣春温上笔端。尘海苍茫浓百感，金风萧瑟走千官。老归大泽菰蒲尽，梦坠空云齿发寒。竦听荒鸡偏阒寂，起看星斗正阑干。1935年底，鲁迅将此诗送给好友许寿裳。许寿裳认为：此诗哀民生之憔悴，状心事之浩茫，感慨百端，俯视一切，栖身无地，

1	2
	3

1.起看星斗正阑干
1974年
版画
33.5cm×45cm
黄新波作

2.1976年在延安采风

3.延安
1976年
油彩板本
61cm×76cm

苦斗益坚，于悲凉孤寂中，寓熹微之希望焉。黄新波以鲁迅诗句激励自己，安抚友人，并对当时的政治运动进行了冷静的反思。

1976年是非同寻常的一年，也是改变中国命运的一年。从1月至9月，三位重要的国家领导人周恩来总理、朱德委员长、毛泽东主席相继去世；唐山、四川接连发生大地震；10月，江青、王洪文、张春桥、姚文元被逮捕，"文化大革命"结束，举国欢腾，百业待举。同年余本去延安采风，回来画了一批作品，其中有几张风景写生用水彩和水粉做颜料，那是笼罩在透明的淡紫色晨雾中姹紫嫣红的延安。10月20日，广东省文化局、省美术摄影展览办公室在广州文化公园举办以"毛主席永远活在我们心中"为内容的"全省美术作品展览"。

余锦森说："家里有一个架子，放他旅行的收藏品，其实那不是

1 | 2

1. 长江风景
 1975年
 水墨纸本
 60cm×42cm

2. 红棉盛放
 1977年
 油彩纸本
 26cm×38cm

什么贵重的东西,而是代表了他人生的岁月、游历、热情所留下的痕迹。"那架子上摆着一些大小不一的石头和形态各异的贝壳,这些寻常的石头各有出处,是余本在国内各地旅行写生时捡的,有的出自新丰江、流溪河、海南岛,有的出自吉林的小丰满与龙潭、黑龙江的汤旺河与镜泊湖,还有一块是海丰的鹅卵石,它们是大自然散落的美,不同的个体有着不同的韵味,里面更承载着余本对写生的环境、心态的记忆,有着余本独特的审美,也代表了他对生活的热情。有道是:多有前时事,皆归片石中①。在余本的生活中,与大自然有着特殊的情谊,村情山趣对他有着无限的魅力,这大概与他的出身、他的童年以及成长的经历有关:桑基蕉林、稻熟蝉鸣、平明闾巷、薄暮渔樵……

① 宋•顾逢《阆静轩先生还吴》:湖山重作记,当代得名公。多有前时事,皆归片石中。船头擎白浪,帆腹饱秋风。共载不吴□,樽前笑语同。

"文革"时由于社会政治环境各种因素的影响,油画创作不太方便,余本利用这个时期,尝试画了一些国画作品,这些作品使余本在油画民族化的探索上进行了更深入的研究。"'文革'的时候,我父亲先是去了三水下放,不久转去英德五七干校,一去三年,我则去了韶关。干校回来之后,常见他在家里用一些墨、一些水彩颜料画国画,在纸上练他的签名。我父亲平时不多言,他每天都是一早起身,早餐后一定在画室工作,直至夜幕降落,华灯初上,才停下来。他不是等待兴致来了,才提笔作画,而是天天都不间断地作画。每当他由外地写生回家,打开那一张张草图的时候,平时严肃的面孔上,自然地流露出满足、喜悦和兴奋。他会滔滔不绝地将每张画面表现的东西向我们一一解说,令我们听得入神,就如目睹了各地的大好山河及风土人情。"余锦森继续说道。

1977年3月中央工作会议,揭开了拨乱反正的序幕,8月中共第十一次全国代表大会,重申建设社会主义现代化强国的任务。12月恢复了中断10年的中国高考制度,尊重知识、尊重人才成为中共治国理政的重大方针。中国美协广东分会也在12月恢复活动,美协广东分会召开第二次会员代表大会,余本当选为美协广东分会副主席。喧嚣渐渐远去,余本画出了春天的广州。

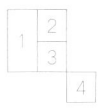

1.1977年与广东画院同人及家属合影，后排右七为余本

2.左起：关山月、余本、黄新波

3.1977年余本与孙子们在公园写生

4.棒槌岛写生合影

棒槌岛写生

1978年是20世纪中国历史上第三次发生巨变的一年。《光明日报》发表评论员文章《实践是检验真理的唯一标准》，引发了全国范围的真理标准问题大讨论，对中国社会的发展产生了深远的影响。中共十一届三中全会的召开，使中国进入了改革开放和社会主义现代化建设的新时期。秋天，应旅大市委的邀请，黄新波、余本、黄安仁、何克敌、陈金章、麦国雄、王维宝、李国华八人到旅大市参观、讲课、作画。在旅大市他们遇到了刘海粟和叶浅予，以及毛主席的儿媳邵华和孙子毛新宇，并合影留念。旅大写生回来，黄新波创作了版画《月夜棒槌岛》，余本画了油画《棒槌岛》。两件作品各有特色：黄新波的版画棒槌岛具有浪漫主义的意味：一轮宁静的明月笼罩着棒槌岛，岛上花枝绽放，繁星满天，波光闪耀，鱼群畅游，海平线上几艘渔船……人们在作品中看到了生命与希望，看到了祝福与梦想。而余本的油画《棒槌岛》，则以印象

1. 棒槌岛
1979年
油彩板本
61cm×76cm

2. 月夜棒槌岛
1979年
版画
61cm×76cm
黄新波作

3. 1979年"余本画展"在上海、南京、北京等地举行

4. 余本画展请柬

5. 1979年余本画展在广州举行

6. 余本在家作画

主义的表现方式：彩霞满天，远山翠树，波光粼粼，归舟摇曳，林木葱郁的棒槌岛上，村舍农田依稀可见，余本的视角直接而平朴，人生正像摇曳的归舟，周而复始，相望于道……

1978年，为纪念毛泽东《在延安文艺座谈会上的讲话》发表36周年，广州举办"广东省美术作品展"并进行广东省优秀美术作品评奖，余本的《秦岭》获二等奖，获二等奖的还有关山月、杨之光等人的作品共13件。广东画院也在这一年的春天恢复运作。

1979年，中共广东省委组织部〔1979〕37号文批准关山月任广东画院院长，有关部门批准余本、黄笃维、蔡迪支、陈洞庭任广东画院副院长。5月，余本在美协广东分会会员大会上被选为第四届全国文代会代表。5月1日至30日，中国美术馆、中国美协广东分会主办的"余本油画展"在中国美术馆举行，展出作品128件。8月11—25日，"余本画展"

在上海举行,8月25日上午,中国美协上海分会举行画展座谈会,上海、浙江美术界代表30多人以及余本、黄新波等参加了座谈会。12月,美协广东分会、广东画院、广州文化公园主办"余本画展"在广州文化公园展出。观众发现,他的作品永远在追求一些新的东西,并呈现出鲜明的个人风格。

1979年10月,香港画家唐乙凤①去拜访过余本,她在文章中写道:

一进小铁栅门,眼前豁然一亮,那情景比明媚的阳光更耀眼。一个小小的庭院中,屹立着一座小楼房。庭院中满是花与树。而围绕着楼房的平台短石屏上,放满了各种各样的盆栽,琳琅满目,彩色缤纷,在冬天的阳光下,却给人春色明媚的感觉,即时为我带来了开朗与欢欣的心情。

余本夫人笑着对我说:"他最喜欢种花,几十年来,这是他最大的嗜好。"

余本夫人身材娇小、满头灰白、布满皱纹的脸上,永远带着慈祥的微笑。我想,她在年轻的时候,一定是个美人儿。

余先生说:"我回国的愿望,就是希望能画出中国锦绣山河的面貌,画出东方风格的油画……以前我的人物画是受古典派的影响,风景

---

①唐乙凤(1942—2011),广东中山县唐家湾人。香港著名影星、画家。主演的作品有《我又来也》和《群芳谱》等。曾祖父唐绍仪是清末民初政治家、中华民国首任国务总理。唐乙凤幼年随父母移居香港。

画是受印象派的影响,后期受到国画的影响,风格上有所变化,这也是我所想摸索的东方民族色彩的油画风格。"

"那么您自己创作时是否受心情的影响?"

余本:"有的,我想一般的艺术家都会如此,在不同的心情下创作出不同风格气氛的画。譬如我在加拿大创作《拉琴者》时与后来创作《原始森林》就完全不同了。所以,《原始森林》中虽然是黑暗阴沉的,但是我却用了明朗的黄色来表现它。这是我回国时期的心情。但是在'文化大革命'时期,心情就比较沉重,也不大画画,浪费了10年的时间。最可惜的是还毁了很多自己喜欢的画,其中也有我为太太画的古装肖像。"说到这些,不免添上了惋惜之情。

"通常您一幅画会重画吗?"

余本:"非常少!除非别人要我喜爱的画我又不舍得,就可能重画一张给他。没办法,画家也要吃饭的,要做个画家是很辛苦的,所以我从来不鼓励我的孩子学画,做艺术家。'艺术长,生命短'。要在艺术上有成就不是容易的事,一个画家从开始到成熟是要一段长时间的,到你的画成名时,也许已经年老了,甚至已经死去了。'文革'前有一位巴黎女画家来访,谈起巴黎有10万个画家,功成名就的却只有一打。你想想有多少穷画家是在街边卖画的呢。现在的许多名画作者,当初差不多都是在穷极病痛中逝世的,这就是我们那一代画家的情况。"

"但您自己却还是坚持了半世纪的油画创作!"

余本:"是的,我爱油画,爱艺术。不过,我也是开始了以后没法停止,才硬着头皮画下去的。本来我也可以转行从商的,但我天生不是生意人,与他们合不来,还是爱艺术。"余老先生开朗地笑道:"要养大七个孩子真不是容易的,常常要靠我太太卖了她的嫁妆首饰来帮助我,否则日子不知怎么过去呢。"[1]

余本太太不但变卖首饰全力支持丈夫画画,日常家务、儿女教育也主要由她一人承担,余本一心画画,不大管家里的事情,以至于孩子们在哪里读书、在哪里工作都搞不清楚。

1.余本与太太合影

2.1979年香港画家唐乙凤采访余本

---

[1] 见唐乙凤《透入著名油画家余本的绘画世界》,载《永恒的朴素》,岭南美术出版社,2017年版,第190页。

1980年1月,邓小平在全国政协新年茶话会上指出:80年代是十分重要的年代,我们一定要在10年中取得显著成绩,在本世纪末实现四个现代化。全国上下、各行各业都铆足了劲,为实现四个现代化努力。

1980年初,余本、关山月、黎雄才应邀赴香港交流,接受香港无线电视台访问。从1956年回国以来,余本一直充当着文化交流的使者,为中外文化交流做出了积极的努力。

3月,广东省文联第二次代表大会召开,余本被选为省文联副主席和省文联委员。年过七旬的余本过着平静安详的生活,"览花莳之时育兮,察盛衰之所托"。①闲时犹爱莳花弄草。余家的客厅分内外两间:外厅的植物青翠浓郁,层次协调的几种小盆栽和一盆开着粉色小花的海棠;内厅略小,摆有黄菊、红兰,几枝银柳白花朵朵、银丝絮絮,整个客厅显得整洁雅致,生机盎然。那天余本散步归来,精神矍铄,把刚买回的两株墨兰放在墙角,便坐下来热情地和记者聊起来。话题从兰花讲

① 见《文选·潘岳》。

起。他说，种兰是很有意思的事，花开时，清香阵阵，秀丽多姿。就是不开花时，细细观赏那些细长如剑的绿叶，也十分悦目赏心。说罢，余本引记者到小花园，但见庭园满目锦绣，光是兰花，就有近10个品种，粗生的有风雨兰、鹤顶兰、虎尾兰，还有较为娇气的素心兰、墨兰等。小院门前，缀满花朵的攀缘植物从墙头上探出头来；门内，夹道的是两排桂花、茶花、一串红；庭园两旁的空地、屋前曲尺形的花基上，植有茉莉、菊花、凤仙、长春花等多种花卉，两侧各种有一株两米多高的九里香。鲜花丛中，砌有三块大石组成的石山，十分别致。余本摆弄买回的两株兰花，笑着对记者说："住在附近的人，曾把我这里称作是华侨新村'最香的花园'哩！日常料理的功夫不外是淋水、施肥，这没什么，也是一种运动嘛！"每天清晨浇花扫叶，呼吸新鲜空气，画画之余，花丛叶下，细细欣赏，消除疲劳，成为他生活的常态。余本有不少作品是以花为题材的，如玫瑰、菖兰花、大丽花、梅花和剑兰，这些作品形神兼备，源于他平日与花卉的相对、相伴、相亲。

在余家客厅墙上，有一串十分精致的用植物的种子串织成的花环，下面有几朵红边黄瓣绿蕊的菊花状的花，鲜艳别致。这是1980年余本率中国美术家代表团访问菲律宾时带回来的。余本翻开从菲律宾带回来的影册，告诉记者：菲律宾的许多家庭，对家庭绿化甚为讲究。他指着一张彩色照片说，这是在菲律宾著名画家莱加斯比家里做客的情景。那餐桌背后，全是由各种热带植物组成的绿化布置，旁边的博古架上，摆设的也全部是小巧精致的小盆栽，整个环境非常舒适。

| 1 | 2 |

1.1980年余本、黎雄才、关山月赴香港交流，接受香港无线电视台访问

2.余本在花园

摄影：丘康

出访菲律宾

黄蒙田的文章写得详细:"半个月前,朋友们在白云机场送走了从北京路过广州略事停留的三位画家:余本、彦涵、黄永玉,一小时后,他们又踏上原机直飞马尼拉。10天以后,朋友们又在这里和他们见面,飞机在白云机场停留一顿午饭的时间,然后又飞北京,但余本却在此下

1.1980年率团出访菲律宾

2.在菲律宾参加活动

机，因为他的家在广州。

三位画家是应菲中友好协会邀请访问菲律宾的。据我所知，菲律宾著名画家佐雅何雅、设计家莱加斯比、著名雕塑家阿布埃加·卡拉庭教授和青年画家洛克德，还有著名的美术评论家PuritaKalaw-Ledesma夫人等都曾到过中国，三位画家访菲正是礼尚往来的友好表现，他们受到上述画家的热情接待和华侨的热烈欢迎，时年75岁的余本是代表团的团长。彦涵是著名的版画家，近年习水墨，三位画家中他是唯一来自老解放区"鲁艺"毕业的，当时也64岁了。最年轻的是56岁的黄永玉，是香港人较熟悉的版画家和水墨画家。他们一共带去61件作品，在现代化的菲律宾艺术中心举行展览。三位画家的配搭是合适的，包括画家的年纪、资历和作品的画种在内，特别是后者，各人带的是自己最善于表现的品种。

余本带去的15幅油画全部是较后期的作品，包括由东北林区到黄河两岸再到珠江三角洲的题材都有。这一时期的作品是从爱用暗沉的色彩高度写实的作风，发展为形象概括简洁、色彩深厚丰富的个人独特风格。菲律宾画家对余本油画的评价很高，认为他追求一种符合中国人民生活的艺术风格，即提到一定高度的民族化。他的油画虽然是外来形式，但能适应中国人的欣赏习惯，同时发展了他们的欣赏习惯和提高了他们的欣赏水平。

作为一个规模不大的画展，由这三位画家的作品所组成，看来是经过缜密的组织而达到理想的地步。那就无怪PuritaKalaw-Ledesma夫人说：这是一个有水平的画展，完满的画展。

正如我们的画家很想多些了解菲律宾画家的创作生活一样，他们也有同样的要求，这就是交流经验。余本说，他们曾经不止一次问他：中国有现代主义的抽象画吗？看来他们对这个"谜"很感兴趣。余本的回答是：现在还没有。

余本又说，菲律宾画家创作的面目广泛，但归纳起来总是三大类：古典的、菲律宾民族的和现代主义的。对于后者，他说虽然看不懂或不太懂，但他认真地看，希望多了解些，才能做出分析。

马科斯夫人曾经和这三位画家相处了5个小时，包括谈话、参观、午餐在内。余本表示有两点感受很深刻：其一是参观儿童院的时候，他注意到里面到处都是壁画。由于具体环境决定了壁画的内容，都是有教育性的，如历史、社会、自然和科学方面的题材。由于同样的原因，壁画的表现方法就不可能是带现代主义色彩的，因为必须使儿童们看懂。其二是她重视美术创新，重视美术家的生活，她正在计划一个庞大的美术村，画家在美术村里和自然及农民相处，进行创作。

这是一次国际美术交流活动。余本如是说。菲律宾画家、朋友和华侨对于三位画家的热情接待尤其使他感动。他补充说。城市虽然不可同日而语，但它们在科学上同样有其价值则是并无二致的。因为，后者对于历史学和考古学的研究，都具有重大意义，是任何现代科学所取代不了的。[1]

艺术品收藏家余元康说：有一次，在台北苏富比我们发现了余本的作品《福寿天成》（图见本书157页），听拍卖行主管吴日曦说，画是在伦敦收回来的。是余本当年由加拿大回中国乡下成婚，在乡下画了三幅寺庙的作品：一幅博物馆收藏，另一幅在家属手里，这幅是送给一位英国的朋友，几十年后再到亚洲，回到中国故土。我们通过电话投标，买到了这幅画，无比珍贵。

1981年举办"纪念中国共产党成立60周年广东省美术作品展"，省委同意拨款6万元，作为鼓励创作、奖励和收藏优秀作品的专款，省美协组委会从1200多件作品中评选出341件作品参展。购藏委员会从入选作品中选出优秀作品74件，其中一等奖4件，每件奖300元；二等奖17件，每件奖150元；三等奖53件，每件奖100元。余本的《延安》获三等奖，同样获三等奖的还有胡一川、陈衍宁、郭绍刚等的作品。这是国内首次为获奖作品颁发奖金，显示了政府对美术创作的重视、支持和鼓励。

1982年5月，中国美协选送了165件作品赴巴黎参加"法国春季沙龙展"，余本的油画《牡丹江两岸》入选参展，广东画院入选的还有陈衍宁的《阿芳医生》、汤小铭的《永不休战》。9月，邓小平提出"建设有中国特色社会主义"的命题，这个命题给广大艺术家提出了新的创作主题。在会见英国首相撒切尔夫人时，邓小平表明1997年中国将收回香港，意味着15年后中国将恢复对香港行使主权。

1983年3月，78岁的余本与广东画院全体画家共23人赴海南岛采风，

---

[1] 黄蒙田：《画家访问菲律宾》，见《永恒的朴素》，岭南美术出版社，2017年版，第177页。

历时20多天。7月26日,"海南行画展"在广东画院二楼展览厅举行,展出画院画家海南采风回来创作的作品98件,对广东的画家来说,海南岛是个魅力无限,感觉常画常新的地方。

广州美术学院的黄渭渔说:"我不是初次去拜访著名油画家余本先生了。记得第一次去访问他的时候,是在1982年的初夏,陪同中国艺术研究院的美术评论家陶咏白一起去的。那时,余先生的身体尚健,华发斑斑,乡音无改,说着一口台山话和我们交谈。但无奈的是我只听懂三四成,而陶咏白根本没听懂。余先生看到咏白茫然的神态,就会意地表示改日复印些资料寄给我们。"

汤集祥[①]也曾采访过余本,余本对汤集祥说:"我的画,大抵有个对象,但不是照十足,自己觉得这样好,就这样画。不像你们的画,又是这样,又是那样——我不是说人家那样画不好,只是说我自己不是那样画就是了。"说完,开怀大笑。余本在作品中传递出一种明朗愉悦的力量。

汤小铭[②]谈他对余本作品的感想,他说:"我看他的画感触很多,首先是不造作,他无论是做人还是对艺术都非常真诚,此外画什么都不要紧,重要的是要有感而画。1956年前他在境外画的作品我们看了很真切,且不管今后会不会被写入美术史。他回来后有了新的感受,画出了新的作品,既没有发表宣言,也没有争什么名利。"

1984年6月,院长关山月率蔡迪支、黄笃维、王立、陈衍宁、汤小铭、林墉、王玉珏、李国华等广东画院画家及工作人员来到余本家,为余老80岁祝寿。关老赠余本国画一幅,画题是《老梅又报一年春》。

有个成语叫子承父业,这种现象在美术界尤为普遍。但余锦森说:"我们兄妹七人,遗憾的是没有一位继承父业当上画家。记得当年我曾报考美术学院,想当画家,当父亲听到我报考美院的消息,就跟我说了一句:'在巴黎画画的人有10万,但成功的不够一打(12个),你自己

---

①汤集祥(1939—),生于海南琼海,国画家、油画家。1962年毕业于广州美术学院版画系,1979年调入广东画院任专业画家,历任广东画院副院长、中国美术家协会理事。现为广东画院艺术顾问、一级美术师,享受国务院政府特殊津贴专家。

②汤小铭(1939—),生于广西桂林,著名油画家、国画家。1964年毕业于广州美术学院油画系,分配到广东画院任专业画家。历任中国美术家协会理事、中国美协油画艺委会委员、广东省美术家协会主席。现为广东画院艺术顾问、一级美术师,享受国务院政府特殊津贴专家。

1. 广东画院同人为余老贺寿
摄影：丘康

2. 1984年，关山月赋画《老梅又报一年春》，贺余本八十大寿

把握有没有这个本事。'由此可见，要做一个成功的画家，要付出超人的毅力和代价，还必须有一定的天赋。他不是不希望子女去学，而是叫你要懂得知难而退。我听了父亲的话，想了几天，最终放弃了入读美术

学院的机会,而选择了一个艺术与科学相结合的专业,入读华南工学院[①]建筑系,最终做了一名建筑师。当然,从经济效益的角度来看,做建筑师肯定比做画家效益要大。我父亲一生画画,一直都在租房子住,在香港的时候搬了三四次家,澳门的时候搬了几次,回广州后在这个华侨新村里面也搬了4次,一直租房,一直到1982年加建这栋房子以后才安定下来。这栋房子还是我自己设计修建的。画画的人要养家,是很困难的。这就是父亲教人的方法,他不会理论一大套,而是注重实际。他的学生称父亲是位无言的老师。教画时往往和学生一起画。在学生绘画过程中,他会在学生的画前停留下来,拿起画笔,很快地抹去一些色彩,然后又随意地点上几笔颜色,本来是一张惟妙惟肖的画,顿时变得更具创意和艺术气质了。他会问大家这样是不是会好些。他常和学生讲:'绘画不是红的画红,绿的画绿,有碗画碗,有碟画碟,绘画艺术不是复制眼见的东西。'"

余锦森:父亲给我最后的画

  1987年春天,82岁的父亲不断地摆弄几张油画花卉。在一个艺术家的家中,本属常见的事,但奇怪的是在往后几个月里,他每天都面对这几张作品,少则四五幅,多则五六幅,聚精会神地画。过往很少见到老人家在同一时间、画同一题材及表现手法相近的画。

  我们家不算小,无论在画室、客厅、餐厅,在地上、椅子上及桌面上都摆放着父亲尚未完成的画。有正摆的、侧摆的,甚至是倒摆的。父亲喜欢从不同的角度来看自己的作品,不断思考、修改。有时他要等画上的油彩干后视情况再落笔着色,以达到他心目中的油彩效果,这就是他的绘画方法,不是画完一幅,再画第二幅,而是随时将脑海中闪过的灵感,立即表达在某一个作品上。这样我们家里的空间差不多全是他的创作空间。父亲在作画时是很严肃的。当我们兄妹有人不慎碰倒一张画,则在旁的五六幅画就会像骨牌效应那样接连倒下来,此时父亲就会

---

①现更名为华南理工大学。

显得很不高兴。这一年,父亲和数十年来一样,专注地摆弄着这几张花卉油画。只是用笔已没有过往的快速、利索和有力。但还可以看到父亲作画时和过去一样认真,他的嘴唇随着画笔在画板上涂抹油彩时的节奏一起颤动。父亲虽已年迈,但他对艺术的追求依然是那样一丝不苟。

  花卉之谜直至1988年初才得以解开。我们兄妹七人,均已安家。每逢春节,我们必定携眷回到父母的身边,共度佳节。这是我们全家最开心、最热闹的时刻。这一年也不例外,大小20余人,济济一堂,共享天伦之乐,年初二晚餐后,他老人家显得特别高兴。弯着高大的身子迈着缓慢的脚步到里屋取出七幅油画,一字排列在电视机柜前,慢慢地说出了他一生的哲理:"我的一生就是绘画,除了绘画以及为了生活和学习绘画而在国外的餐馆洗过碗碟外,可以说没有做过其他什么工作。今天我没有钱财留给你们,也没有产业可以留下,过去你们的成长、学习、工作我知道得不多,关心也不够。好在有你们妈妈承担了这一切,度过了很多艰辛的日子。今天大家都有了安定的生活和工作,我们做父母的也很放心。只是觉得自己做得不多。很多人恭喜我画了那么多好画,这是对社会的贡献。我看假如大家喜欢这些画就是贡献,大家不喜欢就不

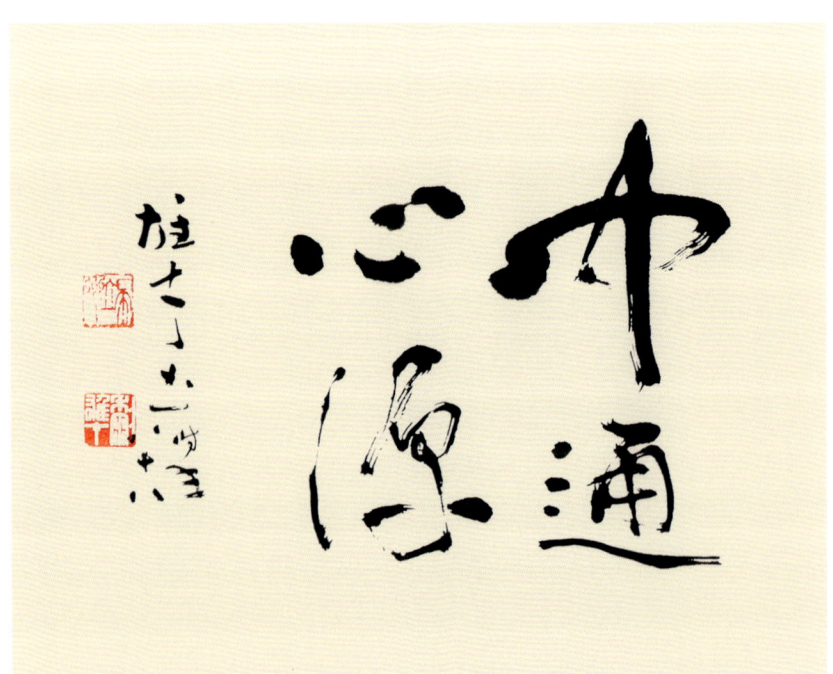

1.1994年,黎雄才书法"中通心源"祝贺余本90岁寿辰

2.1994年,关山月祝贺余本91岁寿辰楹联(丹青留史册,笔迹寄情怀)

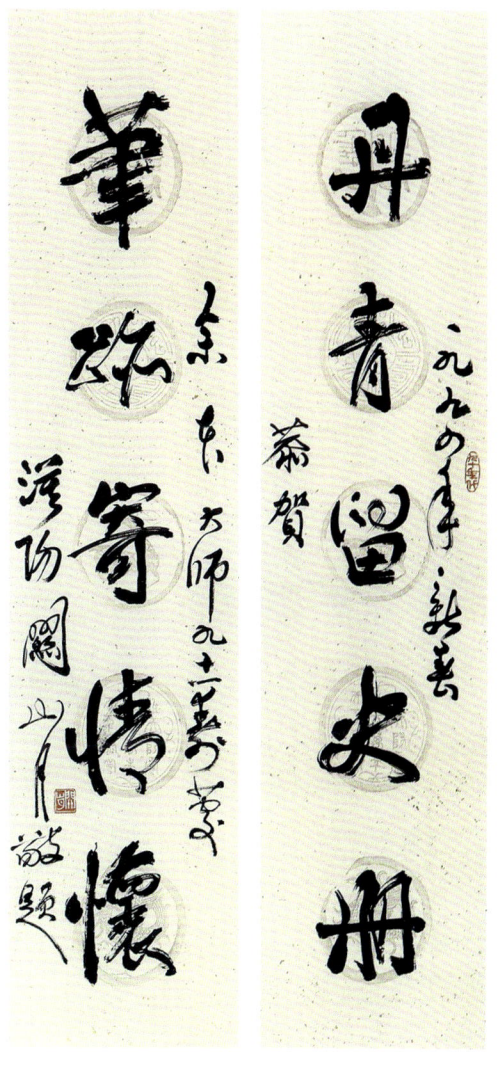

是贡献了。不管怎样我有那么好的创作条件,跟你们母亲的支持是分不开的。没有她承担生活的重担,我不可能全心全意地把一生的精力集中在绘画上。"

我们本来希望父亲晚年会根据我们每个人的喜爱送给我们一张画,以做永远的铭念。但是父亲有他的见解,他说:"我的作品,我的创作,是为社会而作的。我自己经受过艰苦,所以我同情劳工阶层。我绘画的人物大部分是社会的劳工大众,如农民、渔夫、乞丐、失业者。我从他们的面孔、表情知道他们想什么,需要什么,所以我能表达他们的内心世界。《奏出人间的辛酸》是早年中国侨工在海外辛酸岁月的写照,也是自己心境的表白。《待雇》是20世纪50年代香港社会劳动阶层随处可见的现象,生活彷徨而窘困,也是自身处境的写照。《晚归》是我回到家乡的感触。在中国从东北到海南岛我去过很多地方,大江南北,风光无限。我画黄河是黄河的雄伟、河水的无情、奔流的凶险,但令人感动的是在黄河上搏斗的人们。在东北的原始森林美丽如画,看上去好像渺无人烟,但是人和科学已静悄悄地在那里萌芽,正如我画的《小兴安岭气象站》所表达的感觉。但这些作品都不是为你们而作的,是为社会而

1.小菊
1984年
油彩板本
46cm × 36cm

2.余本（摄于80年代）
摄影：丘康

作。今天我送你们七幅画是表达了我的愿望。花代表美好和幸福，但是画的表现手法不一样，有的色彩缤纷，笔法豪放，充满了生命的朝气；有的色泽娇媚迷蒙富有诗意；有的则是深沉而馥郁，代表着不移的情意。这七幅画都是好画，都是我对你们的祝愿。"

"父亲用他一贯开明而无私的态度说：'这七幅画，你们根据自己的喜爱进行挑选吧！但也要看看你们自己的运气。你们编个号抽签，抽到一号的就先挑选……'我很高兴，抽了个三号签，挑选了一幅我心里最喜爱的《小菊》，这就是父亲最后的一件作品。"余锦森说。

这一年余本的心血管和青光眼病日益严重，最终导致双目失明。他对儿子说："我还有许多画未能完成，可惜我看不见了，再画不了。但我的脑海中经常出现许多颜色，很美丽的颜色，会出现各样构思……这些未完成的画在我的脑海中好像已完成了，可惜你们看不见……""他从不把因为双目失明给自己带来生活的不便和痛苦表露出来，他是如此乐观，如此坚毅，直至90岁，他一直在静静地画着脑海中的画。"余锦森说。

1994年，黄渭渔在文章中写道："在隔别十多年后，最近我又去拜访余本先生。当我步入他的客厅里，感觉到与从前一样清静朴雅，余夫人依然是这么慈祥和蔼，她招呼我坐下来后，便搀扶着余先生出来。呵！这倒是出乎我意料的，原来是他的双目失明了，这对于一个画家来说无疑是件憾事！我一时不知道该说些什么才好，便指着墙上挂着的妇女肖像画问他画的是谁。于是，话匣便打开了，余先生说：这是画我的妻子，作于1939年，她那时才40岁。我画她的肖像不只是这一幅，还画过许多。有时她扮成农妇或古装人物……当年在香港展出时，常有人喜欢购去，也有几幅带回内地。但可惜的是在'文革'时，因害怕被指为'封、资、修'的东西，连同其他的作品一起毁掉了，想来十分可惜。他谈到这里，不胜唏嘘。"

余锦森说："父亲离开人世最后的遗言不是如何分配他的画和财产，只是对我母亲说，这一世你对我帮助很大、很多，而我对你没有什么帮助。接着说我很疲劳，我要睡了。母亲说，好了，睡吧。父亲就这样一睡不起，在美梦中走了。"

画外故事

余元康说："1995年1月5日，那天我从上海飞广州，想在第二天探访余本。听说余本病得很重，听说余本长期眼疾，已看不见画面，他在病床上只能用手摸摸画面，时光通过指尖闪过脑际，往日岁月如电光雷闪一一呈现。当我在白云机场下机后，接机的朋友告知，余本刚刚在一小时前去世，永远的遗憾呀，只能神交在天上了。此后和余本的家属等见面，交谈中掩饰不住他们对父亲的怀念。余本永远活在我们心中。

"话说佳士得展了很多画，……在这么多画里面，有五幅余本的作品，我看中了一幅他1938年画的《去田间》，两个人一头牛，好东西，好作品，这应是他的代表作。但我晚上要去深圳，去张五常教授的生日聚会。拍卖在夜场7点半开始，我不在场没办法举牌！佳士得的钟小姐说：'没问题！我帮您用电话来竞拍吧！'那好啊！我就把内地的手机号给她，她说应该会在晚上8点打给我。

"到我了，1024号，余本1938年画的《去田间》，估价40万～60万，有香港大会堂展览会记录。这一开拍，就到50万了，很多人抢！不停地涨！很轻松地就已经超过100万了！自此我只能做一旁观者了。还在继续涨，钟小姐不停说余老师您真有眼光啊！连续说了四五次。我说：'有眼光都没用啦！买不起啦！'我们正说话间，已经涨到了150万，最后，195万落槌，加上25%的佣金，大概230万。钟小姐说上一次他们曾经拍到400万！

"这次买不到画，也开心。回想满座的人都对我说：'你真有眼

| 1 | 2 |

1. 清服妇女
（以妻子为模特）
1948年
油彩布本
76cm×64cm

2. 弹琵琶的女子
（以妻子为模特）
1946年
76cm×64cm

光！'心里也偷偷地笑。"①

余锦森说："其实我父亲一生绘画数以千计。种种原因的消耗，包括为了生活而出售的作品，至今天还留下数百幅作品。1995年7月，我们在广东画院为他举办了一个大型的油画展，展出油画数百幅。在今天来说，一个画家展出数百幅油画是少有的事。此次画展相当成功，令艺术界同行深感惊讶。正如在艺术研讨会上人们所说：'从这个画展中人们看到了一位艺术家一生的敬业精神和所付出的辛勤劳动。令人们对这位艺术家的人品和画品留下了深刻的记忆。'可惜父亲没能看到这个展览，他已在同年的1月静静地离开了我们，只是留下了自己耕耘的果实。"

1995年7月7日至17日，广东画院、广东省美术家协会在广东画院二楼展厅隆重举办了"余本油画展"，展出作品346幅。广东省、市部分

①余元康著：《画藏——香港亚洲艺术基金会藏画记》，清华大学出版社，2013年版，第51页。

1. 1994年6月广东画院领导王玉珏、伍启中、朱皓华、林宏基到余本家中祝贺余老90寿辰

2. 1995年中国美术家协会贺信

3. 关山月贺诗 1995年

领导、美术界前辈以及余本的生前友好、余本夫人及亲属参加了开幕式。中国美术家协会发来贺文，对余本油画展开幕表示热烈的祝贺，并对余本的画品、人品给予极高的评价，对他的艺术给予了充分的肯定。

1995年7月，潘鹤接受我的采访，我问："对艺术家来说，生活得彷徨一些好还是安定一些好？"他说："很难说，因人而异，我就认为彷徨一些好，这样可以激发艺术的激情，平平稳稳很难擦出火花。"我问："您认为余本先生回国后的艺术进展如何？"他说："余本回国后的作品中，我觉得似乎不如从前那么好，从友人的角度，我觉得这是一种损失。原因是很复杂的，他没有经历一次与过去的生活彻底转换的阵痛过程，可能是原因的一个方面，从一个生活模式转到另一个生活模式，从一种世界观转到另一种世界观，从原有的艺术生命转到另一种艺术生命，这样一个变革是难以潇洒度过的。因此只能谨小慎微，在艺术探索上宁收勿放，不敢随心所欲，怕逾矩而损害社会。当时很多从香港回来参加祖国建设的人后来都普遍没有办法适应这样的改变。"

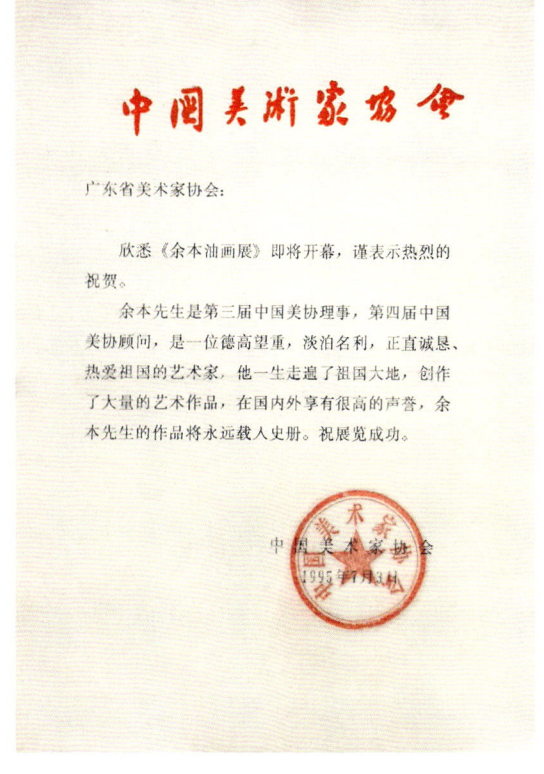
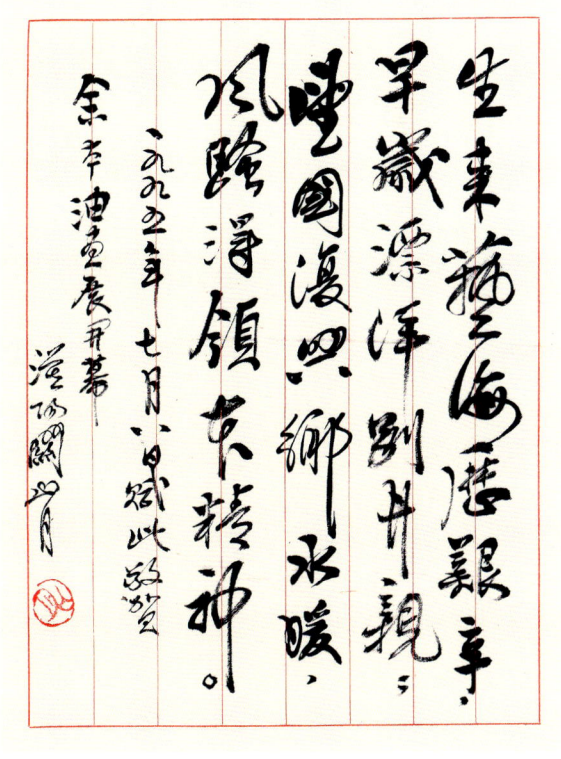

1.1993年，余本在家中留影

潘鹤先生的意见似乎不无道理，但凡从旧中国走过来的人，在复杂的社会生活面前，往往要经历一场与过去生活决裂的剧变，因这种主动的对自身的彻底改造而变得面目全非的大有人在。而余本的天性使他置身于汹涌的历史潮流的边缘，他以纯真、温厚、朴讷的个性坦然面对历史和生活的种种起伏和转换。他的一生经历了政权、制度、旗帜、体制的更迭，并在1956年发生了彻底的转变，从以画笔为稻粱谋的自食其力的职业画家变成为社会主义服务的人民艺术家，他珍惜国家给予的这种荣誉和身份，并为此而自豪！

历史的旅途中，既有峡谷也有沼泽，人们需要把一个时代与另一个时代衔接起来的道路和桥梁，哪怕是一些并不喧闹的小路和寂静的小桥。余本的作品恰恰可以成为这些道路和小桥上的注脚，而他的一生正是在这些道路和小桥上沉着地穿过。因为有路，我们方领有世界；因为上路，我们方进入人生。透过余本的作品，我们进入了世界也领略了人生。那些表现人类情感和眼中与心中的自然的作品是永存的！创作这些伟大作品的艺术家是不朽的！

上述种种，仿佛是几百年前的旧事，而不是一个人一生经历的时光。但一页一页细细翻过，又仿佛只是昨天的故事。

下篇
Part II

经典作品欣赏
Classic Works

|

余本的人物画
Yee Bon's Figure Paintings

|

余本的风景画
Yee Bon's Landscape Paintings

|

余本的花卉·静物
Yee Bon's Flower & Still-life Paintings

|

余本生活年表（1905—1995）
Chronology of Yee Bon's Life（1905—1995）

|

历年出版的画集
Albums published over the years

|

余本画展部分海报
Some posters for Yee Bon's art exhibitions

1 经典作品欣赏
Classic Works

1930年	《奏出人间的辛酸》
1934年	《画家冯钢百像》
1935年	《晚归》
1935年	《福寿天成》
1938年	《纤夫 》
1939年	《妻子》
1957年	《海珠桥下》
1961年	《珠江帆影》
1962年	《麦熟》
1963年	《海陵渔归》
1965年	《黄河渡口》
1974年	《秦岭》

《奏出人间的辛酸》（1930年）

老柏拉图很早就断言艺术与真理之间隔着两层——因为现实的三维的物理世界不过是理念之摹本，而艺术，更不过是这个物理世界的摹本了。这下弄出了许多麻烦来，艺术家们不是为自己苦心的营造物仅仅是摹本之摹本而心烦意乱，便是为了开辟第三层面的世界而竭思殚精——似乎必须为这个双料摹本寻求更多的思想意蕴、道德内涵、伦理训诲、精神指归，来点兴寄、象征之类——才叫深刻。也许是性格中固有的某种较为温和纯朴的气质吧，余本似乎从来没有刻意去表现这种"深刻"。

1930年这张画作在加拿大展出时，题目是 *Eastern Music*（《东方音乐》），这个东方音乐其实就是广东音乐，因为在海外，凡有华人的地方就有广东音乐，它是连接海外华人与祖国家乡的纽带，这种乡音具有轻、柔、华、细、浓的风格和音色清脆明亮、曲调流畅优美、节奏清晰明快的岭南特色，而拥有四百余年历史的广东音乐，其特点是擅长于生活小境的描摹，对传统的生活情趣无不流露着关注。如《早天雷》《雨打芭蕉》《赛龙夺锦》《饿马摇铃》《平湖秋月》《步步高》《鸟投林》《禅院钟声》《醉翁捞月》《七星伴月》《醒狮》《礁石鸣琴》《双声恨》等，这种对自然景物的描写，常常给人娱乐的感受。欣赏它，并不一定要在其中发现重大的社会意义和人生主题。

拉琴者是余本的老乡，台山人。余本以现实主义的表现手法让笔下的形象保持着平朴的直接性，凝重的笔调与色彩，刻画了一个沉郁的躯体和灵魂，然而年轻的余本似乎并没有刻意在作品中注入太多的控诉与哀愁。在众多广东音乐中，也许最能触动余本情感深处的是《双声恨》，这首取材于牛郎织女传说的乐曲，对海外华工的情感生活是最具有表现意义的，这位专注的拉琴者，把全部的感情融化在深沉悱恻、哀怨缠绵的琴声之中，而乐曲的后半部分速度渐快渐强，明朗有力，表达出对美好生活的向往。画家把描绘重点放在裸露的胳膊、握弓的手腕，强化了肌肉和压在琴弦上手指的内在力量。褐色的调子及概括的笔触，准确地表现出骨骼与肌肤的结构，使这个隐藏了五官的艺术形象，产生激魂荡魄的力量。

1

1. 奏出人间的辛酸
又名《东方音乐》《拉琴者》
1930年
油彩布本
69cm × 72cm

《画家冯钢百像》（1934年）

1934年，在余本的画室，余本与李铁夫一起以冯钢百为模特，各画了一张肖像。他们仨年龄相距较大，李铁夫比冯钢百年长15岁，比余本年长36岁，但相同的生活经历使他们从对方身上看到自己的影子，他们都出生在广东侨乡，都曾漂洋过海，在美洲以勤工俭学的方式学习绘画。30年代三人聚首香江、切磋技艺的这段经历十分珍贵，成为香港美术界的美谈。

关于冯钢百的生平故事，网上资料纷纭。他比余本年长21岁，似乎比余本更苦，他1900年到墨西哥，1906年从墨西哥转去美国，做过各种杂工、散工，包括洗衣工、浆烫工、家具店搬运工、水果农场农工、华人餐馆洗碗工，一直以半工半读的方式学习绘画，时间长达20年。37岁从美国回到广州，与胡根天创办广州市立美术专科学校。冯钢百的一生虽跌宕起伏，但生命中的主线依然围绕着绘画，可见他对绘画的痴迷与执着。

比较李铁夫和余本画的冯钢百像，他们的作品在概括对象的性格和角度上各有不同，李铁夫似乎注重模特精气神的表现，而余本则侧重内在心灵的刻画；李铁夫用笔率性、简括，意到即止；余本的画面完整、深入，意味深长。他们共同以古典油画的光和色，记录下冯钢百52岁时的生命状态。余本似乎从来没有画过自画像，这张《画家冯钢百像》，是不是也有余本自我身份的某种投射？这张画也从一个侧面反映出余本的性格特点：沉着、冷静、多思、追求完美。

1

1.画家冯钢百
1934年
油彩布本
114cm × 83cm

《晚归》（1935年）

这是余本从加拿大返回广东,在家乡台山画的第一张画作。

正是与这片土地千丝万缕的亲缘关系,使得故乡成为余本回国落脚的第一站,这里是画家攫取生活、领悟人生、感受自然的腹地,这片土地上所凝结的深穆宁静,使他领悟了某种永恒和内在的定律:人们生于斯,成于斯,躬耕、劳作,播种苦难和欢乐,大地旋转着,人奔跑着,低头和抬头之间生活便这样流逝。

在暮去朝来的色彩变换中,负荷着沉重木犁的农夫与倔强耐劳的耕牛,迈着沉重的步履走在坚实大地之上,农夫生存的重负与太阳、台风、暴雨共同在这片土地上轮番获取悠漫的时间韵味和隽永的空间构成。

这个画面何尝不是在画家童年记忆中投下过深长的影子?画家的回归何尝不是因了这剪影一般记忆的召唤?年轻的画家曾步履艰难地走出家乡,在大洋彼岸又曾深怀眷恋地向这片大地回首凝眸,在人生和艺坛上,他都是个浪游者,农夫所肩负的重担何尝不是画家自身的写照与感受。

正如苦于现代文明节律的西方艺术家向东方企踵翘首一样,我们的画家也同样从传统的感悟中发现了财富,人道情怀成为画家作品的内在主题,并自然而然地贯穿于画家一生的作品之中。

155　下篇 / Part II ———— 经典作品欣赏 / Classic Works

1

1.晚归
1935年
油彩布本
82cm×94cm

《福寿天成》（1935年）

1995年台北苏富比春季拍卖会上，人们看到了这张画，估价人民币550 000～750 000元，这是余本的《福寿天成》。1935年余本从加拿大回到家乡台山，画了一些表现乡村生活的作品，这是其中一张。据说此画来自伦敦。此画如何从台山漂洋过海到了伦敦，让东方的民间生活图像成为英国某个家庭里的一道风景，传递出怎样的文化信息，见证了怎样的生活故事，60年之后又如何回到东方，回归香港，实在是可供想象又极为有趣的事情。

《福寿天成》具有丰富的人文色彩，余本在作品中描绘了传统的祠堂文化与庙宇风情，反映了民间由人至神和由神至人的互构过程。显示出余本对乡土的关怀和对风俗民情的细致观察。作品包括了信仰、仪式和象征三个方面的内涵。民间信仰是丰富的文化史的一部分，是社会、经济、文化在民间的一种文化模式。这种植根于传统文化并延续至今的信仰和崇拜，与民间生活密不可分，千百年来影响着中国民众的思维方式、生产实践、社会关系和政治行为。福与寿是人类在生活中最本能的向往和追求。从汉字的起源和构造中，人们不难领悟福寿文化的最初含义。作品表现了乡民向天地向神灵的虔诚祈祷，这是在中国民间广泛存在的一种情感寄托、崇拜以及伴随着精神信仰而发生的行为和行动，有道是：得福即安，得寿延年。

《福寿天成》呈现了中国本土的地域特征、文化特征和身份特征，不仅提供了一个考察中国社会基层文化的角度，而且对于理解中国社会的文化全貌有重要的意义。从这个意义上来说，这件作品成为余本从海外学成归来，开始系统思考和探索具有中国民族特征、挖掘本土文化的重要作品。它与余本在海外的所见所闻所学不同，是直接从乡土文化中孕育和提炼出来的视觉图像，至今仍能唤起观众的文化记忆和乡土情感。

下篇 / Part II ———— 经典作品欣赏 / Classic Works

1

1.福寿天成
1935年
油彩布本
63cm × 77cm

《纤夫》（1938年）

　　1937年的夏秋之间，余本和李铁夫、王少陵同游漓江，此处青罗江水碧连山，城在山光水色间（陶弼语），几乎同一个时间，广东番禺人、国画家袁松年在自己的画里写道：桂林漓江山水秀丽，每于波光岚影中，鹭鸶舟三五往来如织，夹岸奇峰耸翠，云横半山益增景物之胜，昔韩愈咏桂林山水句云，水作青罗带，山成碧玉簪，非虚语也。同是漓江，在山水画家和人物画家眼里，所见所感，竟是完全不同。

　　余本留意到，漓江河流深切，河道狭窄，河床比降大，每遇暴雨，山洪暴发，水位急升；暴雨过后，水位急降，落差极大。当船遇到险滩恶水搁浅，或逆水行船时，全靠纤夫合力拉纤。于是，弓腰蹬腿、背负缰绳、拼力向前的纤夫，成了余本作品的主角，串串号子，空谷回荡。

　　余本用写实的造型着力于纤夫肢体语言的表达，反映了纤夫隐忍坚韧的生存状态，而一概隐去了纤夫面部的表情。然而透过画面，我们感受到了激昂、高亢、豪迈、哀怨、缠绵交替出现的情绪以及生命的庄严和对苦难命运的承载与不屈，既有"呐喊"，也有"叹息"，更有一种纯粹的发自肺腑的同情。作品的调子高亢、浑厚，富有力度与节奏。

　　余本画出了时代的悲苦和哀寂，唤起人们对时代愁绪的深刻体验。形象有其神圣的象征性和宽泛性，《纤夫》昭示了人类的真正命运。

159　下篇 / Part II ───── 经典作品欣赏 / Classic Works

1

1.纤夫
1938年
油彩布本
86cm×127cm

《妻子》（1939年）

1939年，余本完成了平生最为经典的一件作品《妻子》。

余太太出生在法国人统治时期的越南，读杜拉斯的小说《情人》知道，当其时也，越南国内殷实富贵、莫非华商，且华商与法国人亲近友善，余太太以洋服制衣老板千金小姐的身份在西贡华洋交织的环境下成长，虽则南粤女子多风韵，素艳天姿浅点妆，但她的气质有别于台山乡村和香港本土的女子。画中的妻子闲情淡雅、冶容清润，温婉地陪伴了余本超过半个世纪。余本用含蓄的黑色旗袍衬托出妻子细腻白皙的皮肤、淡定从容的仪态、若有所思的神情；瓶中白莲两朵，芳心自洁，玉体相依，香气袭人；墙上是余本自己的油画，与爱妻终日相伴的，正是自己的劳作与身影。余本从不掩饰自己对妻子的感谢之情，是贤妻把家营造成宁静、祥和的港湾，让余本和孩子们获得身心和精神的慰藉，更在生活上得到无微不至的关爱和照顾。正是贤妻的忠诚与支持，使余本在1956年义无反顾地举家回到祖国，在艺术探索上走得更高更远。

余本的《妻子》令我想到了叶芝的诗句：多少人爱你青春欢畅的时辰，爱慕你的美丽，只有一个人爱你朝圣者的灵魂。

1

1.妻子
1939年
油彩布本
76cm × 64cm

《海珠桥下》（1957年）

也许我们可以把风景理解为一种文化表述的媒介，这种以自然为主题的风景画，在表现对象和视觉空间中，成为一种象征符号。以海珠桥为例，珠江是广州乃至广东的文化主题，而连接珠江两岸的海珠桥也就成为广州的文化象征之一，1959年朱光市长在《望江南·广州好》中写道："广州好，珠海跨长虹。络绎人车飞跃过，涛呼今已伏蛟龙。浩荡又东风。"海珠桥是广州市民心中重要的地标，它不仅是城市中轴线的延伸，还是跨越过去和现在、沟通历史和未来的重要通道，更是连接南北商业、文化、经济的重要桥梁。

余本的作品中，与海珠桥有关的风景画起码有四张。《珠江两岸》（图见81页）从西北向东南眺望，画面有爱群大厦、路上匆匆的行人、江上往返的货船、远处海珠桥的主体钢架依稀屹立于暮色之中；《海珠桥下》从东北向西南的视角，表现海珠桥与河南的大片厂区，远处烟囱林立，这是20世纪五六十年代的珠江南岸，那些被绿树簇拥的低矮楼房如今已被高楼大厦取代；《海珠桥》立足江面，从东南向西北取景，画中南方大厦、爱群大厦、海珠桥的钢架与江面上穿梭的小船由远而近逐一呈现，构成了广州独特的城市景观；《静夜珠江》依然是从东向西的角度，船泊静水、海珠桥、爱群大厦、南方大厦，由近而远笼罩在夜色之中，灯火点点，水天一色。

余本的这些海珠桥从不同角度、不同时间段呈现出广州的城市活力和开阔的生命形式，海珠桥、爱群大厦、南方大厦以及珠江是当时广州的重要名片，共同构成了广州重要的人文风貌，为观众提供了对一个朝气蓬勃的国家和具有悠久历史的古老城市的想象，更为广州市民保留了珍贵的集体记忆。

1.海珠桥下
1957年
油彩板本
64cm×76cm

1 | 2

1.海珠桥
1957年
油彩板本
54cm×78cm

2.静夜珠江
1966年
油彩板本
54cm×78cm

《珠江帆影》（1961年）

粤曲《双桥烟雨》有这样的唱词：风袅袅、水迢迢，试凭栏、临江眺，穿梭船只任逍遥，一阵火车惊腾、却又像龙吟虎啸，分明是烟波浩瀚、今日架上大道一条……仿佛正是余本《珠江帆影》的画意。

珠江背五岭而来,把广州分隔成河北、河南、河西三岸。20世纪50年代广州中部只有一座海珠桥连接南北，广州西部居民通往河南、河西须小船摆渡。1958年10月，政府动员荔湾区全民投入珠江大桥的建设，仅用两年，建起一座横跨珠江的铁桥，大桥因跨越珠江而得名，分东桥及西桥，这就是粤曲唱的双桥，桥中夹一条双轨铁路，铁轨上空是分段的梯形钢架。1960年10月1日通车，从此"天堑变通途"，时至今日，每天仍有二十来趟火车从桥上经过，大桥加快了城乡的物资交流，见证了广州的城市变迁。"双桥烟雨"1963年更被评为羊城八景之一。

大桥水道属市内重要航道，货船、渔船过往频繁。有道是：珠江水，浮生事，船入江中水自流。直至20世纪50年代，广州珠江两岸仍泊满成排结队的渔船，俗称"水上人家"或"疍家"，早年政府曾把他们归入少数民族。这是一个独特的族群，生活在城市边缘，占广州市人口十分之一，其阵容堪称广州一景。珠江三角洲的生活由这些帆船交织起来，今来古往，春花秋月，这些在珠江水域游动的扇形轮廓的帆船，成为珠江三角洲的文化象征之一。20世纪60年代，广州户籍的疍家由政府安排上岸定居，至90年代，广州珠江水域上的疍家艇已渺无踪迹。

珠江夕照，云静天高，浪平水阔。一簇渔舟，归帆初张。正所谓：归舟江水留影，落日水天一色。画家通过夕阳和色影，使画面呈现出悦目的金黄，斑驳的笔触使珠江流光溢彩，逆光船帆上的冷暖色块、深褐色的倒影，大面积金黄色调衬托出江水独特之美，左边露出船和帆的一角，使构图更为生动。余本以油画色彩的魅力，表达自己对新生活的激情、感受、希望。

这是余本留给我们的珠江印象，他无意中触及了一个更深层的文化现象，用诗意的画笔记录了60年代的水上广州，记录了广州城市边缘族群的生活场景。至今，我们仍能感受到呼啸而过的火车所带出的温热气

下篇 / Part II ———— 经典作品欣赏 / Classic Works

[1]

珠江帆影

1961年
油彩板本
64cm×76cm

息,历史与现代在此相融,岁月与生活在此变迁,我们的生活中曾拥有如此朴实、包容、自在的诗意。

《麦熟》（1962年）

这张作品1963年在香港展出时画题是《麦熟》。表现的是黑土地上春小麦收获的季节。当年有评论家写道："《麦熟》中的构图这种整整一大片金黄，一大片黑紫的颜色的并列，在许多人的创作中是常避忌的，但余本正好运用它表现了无边麦地的丰熟和机耕畜耕结合的，大规模生产的新垦农场自然风貌的特征。景物是那样的单纯——只有土地、熟麦、蓝天和飞鸟，色彩也是那样的单纯，然而给人的印象却是麦海滔天，一片丰收的气象，黑中泛紫的土地，像闪着油光，更给人以得天独厚的感觉。"[①]60年代，余本进一步探索与表现内容相适应的新技巧，那些年的作品都呈现出他的这种努力，《麦熟》便是代表作之一。1961年余本从黑龙江一带采风回来后，完成了这件作品。

余本把重点放在构图和色彩上。余本说："由于大面积的机器耕作，田野里出现了新的面貌，画面上也就出现横直线交错的构图。我觉得它可以代表新时代的新感觉。"他以一种有意识的清晰和直率，用装饰性的构图把麦田、土地、天空、白云简化成直线块面，构成阳光下和土地翻耕后的印象；用多种色块的组合直截了当地表达眼中的真实与心中的情绪：深邃的蓝天、渺远的云朵、丰厚的麦田与黑中泛紫的土地……大片金黄、大片深蓝与大片黑紫，使这片土地凝

[①] 王台：《余本的新收获》，香港《文汇报》1963年5月22日，文章收入《永恒的朴素》，岭南美术出版社，2017年版。

1. 写生稿
1961年
20cm×28cm

2. 麦熟
1962年
油彩板本
54cm×79cm

结成深穆的宁静和自然的单纯；用耕驴、农夫、飞鸟与大地对比的方式，表现黑土地的辽阔与肥沃，整个画面坦露着画家所受到的视觉冲击和感动，以及对麦子和土地的嗅觉记忆。

20世纪，西方艺术家偏爱真率和真诚的趣味。与西方艺术家刻意追求天真和单纯不同，余本的单纯有着人文的厚度，有着天高地阔的诗意。余本没有把一个转瞬飞逝的景象固定在画布上，而是通过概括和提炼使景象变得意味深长，从而也使他的作品容纳更丰富的生活内容，表达出更多的时代风貌。

这是余本"印象写生"的代表之作，是他把眼中之景概括描绘成心中之境的创作方式。它比直接对景写生更忠实于自然，因为这种自然是透过画家的再创造，而这些景象也一直活跃于画家的心灵，并在画家的笔下借助色彩倾泻而出。这当中有写生草稿的依据，更有画家丰富的想象和灵感。

《海陵渔归》（1963年）

1964年"社会主义好全国美展"使画家们展开了一系列创作活动，如何在政治性的命题中画出诗意的作品，是当年所有艺术家共同思考的问题。任何一个处于中国文化氛围的艺术家，本身便不能不呼吸主流意识形态的氤氲之雾，在这种氛围中进行形式上的摸索，不但需要熟练的技巧，更需要过人的胆识。

为了获取更多自然的色彩，更多丰富的题材，画家走向海港，走向山区，在渔夫、山民粗豪的歌声中攫取生活，领悟人生。1963年9月，余本来到海陵岛，被眼前的景色深深感动。透过余本的作品，我们看到这样的场景，近处：泛泛长堤伴晚霞，绿波深浅见琼沙，短棹轻舟倚岸斜，滩头渔归别浦喧，青山绿水古今同，钓船泊处是生涯。远处：天容海色，山光凝翠、万木成荫，霞迷暮霭。画面是阳光、色影、色调的美妙组合，色彩与造型的有趣排布。

余本忠实于自身的视觉感受，用朴拙的色块和线条表现船只和船上的索具，把渔船并列的壮观场面呈现出来，而细节正笼罩在耀眼的霞光和湛蓝的海水之中。他用平实、单纯、直率的手法表现海上渔归的热闹气氛，以大片深蓝作为画面的主调，把观众的目光从左下角并列有序的渔船引向右上角的天边和远方，让观众同样沐浴在瑰丽的晚霞中，从高处纵目眺望，分享渔归的喜悦。造型上，用线条的抽象形态的内在结构和外在旋律，直接诉诸理性的造型，用压体成形、由形而体的形态特质，用对均衡、秩序、节奏的强调，在二维的平面上获取悠漫的时间韵味和隽永的空间构成。渔船的高度简化和上下排布，构成空间的纵深视觉。理性化的严谨轮廓、构图、秩序、节奏等等与装饰性的色彩交汇，在此获得清新的形式建构，并赋予了观赏者以同等的创造者的主体意义。

1. 写生稿
40cm×27cm

2. 海陵渔归
1963年
油彩板本
79cm×54cm

　　艺术所反映的自然是画家对新社会新气象所进行的描绘和表达，同时也是画家内心、乐趣、心境的反映。余本用作品证明，平凡的生活场景也能构成诗意盎然的图画。他发现了纯粹之美，并与观众分享了这种明亮的视觉之美。

《黄河渡口》（1965年）

　　黄河之上，位于山西南部的诸多渡口，是历代漕运的重要码头，这些千年渡口，见证了烽火硝烟，见证了一个民族兴亡的历史。这些渡口往往在黄河的拐弯处，只因河道狭窄，水深且缓，宜置舟渡河，因而成为连接两岸、沟通人群的支点，两岸村民春种秋收、走亲访友靠的都是这些渡口。

　　1964年，余本和黄新波、关山月、方人定应邀到黄河中游、黄土高原东部的山西采风。回来画了三张与黄河有关的作品，《黄河渡口》是其中之一。

　　我曾试图考证余本画的是哪一个渡口，最大的可能是，位于晋、陕、豫三省的交通要塞，跨华北、西北、华中三大地区之界，地处黄河东转拐角的风陵渡。此处自古便是黄河上最大的渡口。

　　《黄河渡口》用俯视的角度表现收波卷浪、直曲千里的黄河。构图上注重取势：左侧山形迤逦，山坚势横；远景山邀云去，浮云峨峨；中景峭壁悬崖，河水拍堤，舞波渊旋聚沫；右侧远近三艘渡船，划破浊流惊浪；近景寒树依微，窑洞几孔、平房数间，山路崎岖，毛驴驮运。画家运用对比的手法，呈现了黄河的浩瀚与浩渺。画面以黄褐色为基调，棕黄中略带金色，充分展现出黄河的形貌与特质。笔触沉实、浑厚，用色浓烈、沉着。此外，在人物的刻画方面，尽管画面人物细小，但那些日夕见奔流的摆渡人，奋力划船的姿态依稀可辨，充满力量。有道是：目极高飞鸟，身轻不及舟。余本用西方油画的造型和用笔用色，结合中国画的虚实相生意境，使作品具有感人的力量。

　　透过作品，余本艺术地呈现了黄土高坡的地域文化和别样风情，画出了黄河的千年王气，用独特的画笔触摸着千年的黄河文明，为我们留下了中华文明的一道风景。《黄河渡口》同时也是余本在探索中国油画民族化的道路上所留下的极具代表性的作品之一。

173　下篇 / Part II ──────── 经典作品欣赏 / Classic Works

1

1.黄河渡口
1965年
油彩布本
64cm×76cm

《秦岭》1974年

关于秦岭,历朝历代文人多有诗句描述。如"古今传此岭,高下势峥嵘……欲过一回首,踟蹰无限情"(宋·孟贯)。但视角从高往下,并用油画来描写秦岭,绘画史上则不多见。这是余本坐飞机飞越秦岭时所见,他迅疾用线条在速写本上记录下当时的感觉,过后从速写稿、色彩稿到完成创作,这三张作品使我们了解余本创作《秦岭》从最初的冲动到最后完成的过程,即画家感性—理性—感性的创作过程,看到了秦岭给余本所留下的完整印象。有趣的是,余本在右上角画了一架飞机,暗示了时间和地理的穿越。正是:百年世路多翻覆,千古河山几废兴(宋·汪元量)。

1980年,汤集祥曾就《秦岭》写过文章,文章写道:"人们爱说:画如其人。这话体现在余伯身上是再鲜明不过的了。他那内向、笃厚、淡泊的人格,何尝不就是他的深沉、真诚、纯朴的画风?

"当我表示喜欢他那幅新作《秦岭》的时候,他用那满口的台山话背出韩愈一首诗的结尾四句:云横秦岭家何在?雪拥蓝关马不前。知汝远来应有意,好收吾骨瘴江边。韩愈因上疏反对迎佛骨,触怒了唐宪宗,要加极刑,经人求情,乃贬为潮州刺史。这首诗就是那时写的。

下篇 / Part II ──── 经典作品欣赏 / Classic Works

1. 速写稿

2. 色彩稿

3. 秦岭
1974年
油彩板本
76cm×61cm

"我没有细问，老画家为何对这首诗记得如此清楚。但我想，在过去的漫长岁月里，也许是有某些东西触动画家心境的缘故吧。看！断崖千尺，直插云天，夕阳把它的余晖洒向峰顶，刹那间，好像一把把镀金的利剑，威武非凡。然而，一架银鹰却从它的'刀尖'上，轻轻飞掠而过……

"从老画家历年的作品中，我们可以清晰地看到，感情不同，画风也起了变化。比如说深沉吧，前期是带泪的深沉，后期才是含笑的深沉；说真诚吧，前期是眼睛所见的真诚，后期不但是眼中所见而且是心中孕育的真诚；说淳朴吧，前期只是捕捉到了存在的淳朴，后期才是创造出比存在更升华的淳朴。"

2 余本的人物画
Yee Bon's Figure Paintings

　　香港华人油画家有一个共同点,都接受过欧美艺术教育的影响和熏陶,并在华洋相融的环境下成长,都想创作出有民族特点和香港特色的艺术。余本在大学毕业时,就已怀抱独特的艺术理想,尽管靠卖画、授徒养家活口,尽管描绘劳动者的作品多半不能换来金钱,他仍将目光投向劳动者,面对底层生活,那些内心有着爱情、痛苦和忧伤的平民的形象,余本无法冷眼旁观,并因此而激发起创作热情,余本始终关注的是普罗大众的现实的、具体的存在方式,作者正是感受到与群体的血肉关系,并发现了个体生命的存在价值,进而产生了对他们的亲切、关怀和爱,以及与之交流、沟通的欲求,因而在他的早期作品中出现了《农妇》《劳动者》《苦力像》《渔民像》《农民》《渔女》等等,更有了《捕鱼归来》《起网》《汲水》《街渡》《茶楼》等描写民间生活及生存状态的作品。作品呈现出了东方风格、东方趣味、东方色彩。他的人物画,注重对象的性格与神态的刻画,呈现出画家的爱憎与喜好,画出了生命的温度。

1

1.老人像
1941年
油彩板本
61cm×51cm

|1|2|

1.老农妇
1956年
油彩板本
51cm×41cm

2.汲水
1947年
油彩布本
60cm×76.4cm

1 | 2

1. 待雇

1931年

油彩布本

51cm × 61cm

2. 渔民一家

1949年

油彩板本

40.5cm × 30.5cm

| 1 | 2 |

1.捕鱼归来
1949年
油彩板本
72cm×94cm

2.街头卖唱
1949年
油彩板本
40cm×23cm

余本早期创作的人物画，自觉或不自觉地呈现着一种时代的愁绪。生活在殖民地国家的人们，其全部生命活动、生产关系和感觉思维都在宗主国的金钱和资本的支配之下，因而生活是异化的，所谓自由平等也是异化的，于是有了《奏出人间的辛酸》，有了《待雇》《街头卖艺者》。人生的枷锁无处不在，卢梭的感叹弥漫于余本所处的二十世纪三四十年代。

余本在这些作品中一概隐去了绘画对象的面部表情，而着力于对肢体语言的描绘和呈现，他希望观众通过自己的想象和理解，对作品中的时代愁绪和生命状态进行形而上的反思，使作品最终得以完成。如果说《待雇》是对不确定的未来的等待和期盼，《纤夫》是对苦难命运的坚忍和不屈，那么，《奏出人间的辛酸》则更为深沉地奏出了生命低回婉转的苦辣音符。这些作品唤起人们对"大道之行也，天下为公"的渴望，放眼望去，无穷的远方，无数的人们之间应该存在着亲密互助的平等人伦。这大概也是画家内心的希望。

1.农妇
1946年
油彩布本
61cm×51cm

2.渔民
1952年
油彩布本
40cm×36cm

| 1 | 2 |

1. 客家农妇
1949年
油彩布本
64cm×76cm

2. 渔家少女
1947年
油彩布本
51cm×41cm

尽管这是一个交易、计算、推演的社会，但饱饮了生活苦酒的劳动者，坚强、倔强、固执，怀着一种毫不造作的达观，乐天安命。人的古铜色皮肤，成为回应太阳的响亮和声。

生活的负累并没有使农夫、渔妇失去对明天的信心，在低头与抬头之间，生活依然洋溢着充实的画意，在善与真之外，画家捕捉到了朴实的美感和纯净的诗意，《播种》《农民一家》《客家农妇》，尽管有重压和磨难，他们依然挺起坚强的腰杆走向田野，走向生活。

| 1 | 2 |

1.农民一家
1951年
油彩布本
79cm × 91.5cm

2.播种
1958年
油彩布本
63.8cm × 77cm

无论是喧嚣的城市、辽阔的乡村、漂荡的渔船，不同身份的花季少女们一双双清澈的灵眸，满载着单纯的幻想与憧憬，迎接未来（《女孩》《白衣少女》《荔枝女》）。诚然，宇宙之大，世界、人生、命运、幸福似乎是人类一直难以把握的，而只有对爱的感受和把握，方使我们懂得了生存的价值和意义。

《妻子》《女儿》这无疑是余本倾注关爱和温情的集中体现，也是画家在生活中撷取平朴、温馨而隽永的生命过程的一部分。熟悉余本的

下篇 / Part II　　余本的人物画 / Yee Bon's Figure Paintings

1. 红衣少女
1951年
油彩布本
76cm×64cm

2. 白衣少女
1946年
油彩布本
61cm×51cm

人当然不会忘记余夫人对他生活和艺术的支持与帮助，更不会忘记他们70年来风雨同舟的生活历程。这是一个特定的情境。对象是固定的，场景也是固定的，在他不断重复刻画的作品中，妻子、女儿、儿子永远是他招之即来的首选模特。我们在这种既确定又迷蒙的意境中体会到家庭生活的温暖、亲子之爱的温馨，所居所处的空间的温煦。重复有时需要胆略和力量——这种胆略与力量也并不总是炫目和逼人的。

下篇 / Part II ——— 余本的人物画 / Yee Bon's Figure Paintings

1 | 2

1.女孩
1950年
油彩板本
41cm×30cm

2.荔枝女
1954年
油彩板本
76cm×64cm

1.渔民少女
1959年
油彩板本
61cm×51cm

　　1956年之后，激起画家热情与创作欲的对象世界有所改变。在新的社会环境中，余本建构了自己的新形式。在余本的笔下，人物从幽深的背景下走出，在骄阳中、晚霞里，农夫、渔女就这样清晰地从素朴的生活中走出，用坦然而安详的眼睛注视我们（《农村书记》《渔民少女》），这种凝定安详的眼光似乎联系着某种被称为"永恒"的东西。

　　艺术家的天职便是留住生命的记忆并使之不朽，于是世界上便有了《蒙娜丽莎》，有了维米尔的《厨妇》，有了米勒的《拾穗者》等艺术珍品。在画家眼中，每一个生命，不管使用的是何种语言，也不管其肤色是黑是黄是白，都是熟悉的陌生人。肖像画的创作依赖知觉，而知觉本身则具有选择和组织的能力，艺术家鲜明的个性差异，使不同画家对同一事物有不同的表现方式。

　　也许因为与豪门贵族没有太多的交往，在他的人物画里，没有富商巨贾，也不见衣香鬓影，更看不到上流社会的生活和豪华富丽的场面，他只画熟悉的生活和阶层。在肖像画的创作中，余本似乎并不为绘画艺术这个二维世界的局限而焦灼，也并不急于通过变形而使形象变得意味深长，只是保持着对生活肯定性方面的率直关注。艺术诚然经常地面对生活的苦难和人生羁绊，然而艺术也并不总是如此。在余本的笔下，我们看到了许多熟悉的陌生人，他的人物画的独特性正在于挖掘了有代表性的平民阶层的艺术形象，对油画的民族性进行了积极的探索。

1 | 2

1.雨中出勤

1959年

油彩板本

64cm × 78cm

2.农村书记

1965年

油彩板本

91.5cm × 71.5cm

1. 晒网
1964年
油彩板本
54cm×79cm

2. 人体（四）
1950年
油彩布本
94cm×74cm

梁荫本认为："从余本留学时期的一两幅人物创作中，可以窥见德拉克罗瓦笔法的痕迹，他几次对我赞赏过杜米埃（Horone Daumier），研究欧洲各流派的绘画，涉猎颇广，收藏画集亦多。"

纵观余本的肖像画作品，能感受到西方古典主义某些斑驳的折光。他采用"光暗"处理手法，以深褐色或浅橄榄棕色为背景，将光集中投射在肖像的脸部，运用明暗关系，准确地表现人物的骨骼与肌肤、动态与神情，着重刻画脸部细节，这种用光线强化主要部分，让暗部弱化和消融次要部分的方式，具有伦勃朗式的富于重量感和威逼力的褐调子及细致的笔触变化，使画面显得深沉而蕴藉。画家在题材与表现方法上都从生活出发，深情地描写、刻画平凡的世界和平朴的生活，构成了画风的古典色彩，形成了余本肖像画的重要特色。

| 1 | 2 |

1.出浴
1949年
油彩布本
76cm×64cm

2.人体（六）
1950年
油彩布本
82cm×94cm

今天我们已无法找到余本的人体画原作，只能通过黑白照片来了解他这部分的作品。20世纪四五十年代，人体写生曾是余本艺术探索的一个重点，通过人物体态、骨骼、肌肉、皮肤和光影的组合，在人体、块面、结构，在形与体、点与面等艺术语言中，寻求彼此之间的和谐统一，呈现出线条的婉转、柔和、均衡、谐和，表现了女性人体的阴柔之美。

世界的确大得很。人生在世，不期然地会遭遇一点壮观与轰烈。壮观与轰烈也每每是诗意、灵感、激情、创作欲的来源。然而余本的天性使他在壮观与轰烈面前显得朴讷与沉静。

对艺术家而言，不管是着眼于人类存在的永恒痛苦，着眼国事民

下篇 / Part II 余本的人物画 / Yee Bon's Figure Paintings

瘦，还是抓住生活中的任何一点有意义、有价值、有希望的东西平朴真诚地加以歌颂，都有一个异曲同工的问题，就是这支"歌"是否倾注了心血，是否涌自生命的深处。余本的人物画，既不突出文学性，更不突出观念性，他的作品与生活保持一种和谐关系，一方面它并不致力于某些理性演绎，不以某些观念化的东西强加于作品，一切借助视像的自然显现、自求澄然；另一方面也不借助于某些文学性、戏剧性的情节冲突，不是通过一个有限瞬间的凝定来暗示、讲述一大串故事，这便要求绘画首先必须去"画"，而不是去"想"或者去"说"，这正是画家的使命。

1

1.琵琶骏马
1976年
油彩板本
76cm × 64cm

3 余本的风景画 /
Yee Bon's Landscape Paintings

余本的油画风景

人与大地,这无疑是一个永恒的主题,人生息于这片苍茫的土地,生于斯,成于斯,劳于斯,把憧憬、热望、律令都通过血和汗注入了大地,艺术家的天职是把这些新鲜的回忆和古老的律动记录下来、表现出来,用贯注了生命热情的作品馈赠社会,并通过作品最终完成自身的生命状态。

余本早年的作品反映出香港独有的风景和文化。在作品《茶楼》中,悬挂在屋顶上方疏密有致的鸟笼,底下影影绰绰坐满了在茶楼饮茶、看报纸的人,余本捕捉了香港市民日常的生活情趣,着眼于光线在室内所形成的光影,构图上用横线和竖线分割并平衡了画面,以简括的用笔将明暗两大色块统一了色调,而这张作品也是余本和李铁夫在茶楼饮茶后的收获。艺术是现实生活的一种感性形态的延伸和升华,现实生活自然会获得艺术的剪影。如《街景》《西环码头》《太平山下的苦力》及《九龙湾》等作品,包含和传达了重要的文化信息,具有民俗学上的意义,欣赏这些作品如同重温一次香港20世纪50年代的历史文化生活。

1. 茶楼
1937年
油彩布本
82cm×94cm
右起第一人为李铁夫

2. 出海捕鱼
1947年
油彩布本
65cm×74cm

3. 渔民生活
1953年
油彩布本
31cm×41cm

| 1 | 2 |

1.新界
1950年
油彩板本
51cm×61cm

2.筲箕湾开山
1948年
油彩布本
64cm×74cm

1. 风景（香港）
1947年
油彩板本
40.5cm × 50.5cm

2. 港湾风景（四）
1950年
油彩板本
51cm × 61cm

下篇 / Part II　　余本的风景画 / Yee Bon's Landscape Paintings

1

1. 渔村小景（四）
1966年
油彩板本
20cm × 30cm

梁荫本在文章中写道:"就风景画来说,香港这个小岛并不是他能够施展才华的地方。他的性格适合画场面开阔、一望无际、气魄雄伟的风景。有一回,适有画家组团回内地旅行写生,他对我说:要创作一幅风景画,就要在那里住上一个时期,在生活中观察、感受,才能画得好。这是他的经验之谈,也是画风景画的至理名言。1956年回内地定居之后,他的愿望终于达到了,他在多个风景区住上一个时期进行创作。面目一新的风景画创作陆续出现了……他扭转了旧日风景画的风格,用的是强力的直线、横线、扩张的曲线和圆线、平行线伸展了空间,形成宏伟的局势。"

余本在专业方面深得西方古典绘画的真传,从西洋绘画的传统中吸取了丰富的技法和经验。然而,走油画民族化的道路一直是新中国油画家艺术探索的心理动力,余本亦然。在风景画方面,他本着朴素的天性礼赞生活,既有全景的,直接从动态中摹写自然浩荡的壮采,也有从某些生活的情景和片段着眼,从司空见惯的生活中挖掘和表现富有时代气息的诗情画意,拓展了中国油画风景画的境界和风神。无论是题材还是技法都进行了新的尝试和探索,1957年是他艺术生命的重要转折期,新生活的速度和变换的频率被他敏感的触觉所捕捉,使1957年后的作品主观上注入了某些更为明亮的调子。

余本的风景画以写生为主,从南疆到北国,均留下了他写生的足迹。作为南方人,他不乏内敛细致的性格,而他所致力的便是把北方的粗犷与雄浑融入画中,借着这些写生旅行去感受、去思考、去发现。在安静的村落、街道、屋宇,或广漠的原野上,在这些或响亮或沉郁的调子之中,当然有着无可置疑的响亮的人类生活,以及对于人类生活的浓厚情怀。人与生活的关系便是用这种两极的形式艺术地投下独特的影子。

他的笔下,《黄河渡船》从动态的角度表现人对生活的开拓和突进,这里是斗争是奋进;《茶楼》则是生活中的休憩和享受,这里是愉悦是安详。既有博大高远的北国风光,雄大、突兀、开阔、辽远,如《秦岭》,高空鸟瞰式的视野,远峰巍峙,长云漫空,林涛摇荡天外,满纸云气风声;也有温婉恬静的岭南韵致,清新、温润、流光、溢彩,如《华侨新村》,着意于情韵的幽深,现代建筑掩映于繁花与树木之后,白色篱笆把观众的目光导向深处,淡淡的生活韵致弥漫于20世纪60年代的广州。当迷茫的西方画家致力寻求东方神秘色彩的时候,我们的

| 1 | 2 |

1.清水塘
1959年
油彩板本
28cm×41cm

2.银川湖风景
1959年
油彩板本
61cm×76cm

213　下篇 / Part II　—————　余本的风景画 / Yee Bon's Landscape Paintings

1 | 2

1.华侨新村
1959年
油彩板本
51cm×61cm

2.广州出口商品交易会开幕
1972年
写生稿
29cm×39cm

215　下篇 / Part II ──────　余本的风景画 / Yee Bon's Landscape Paintings

1.塞外运输
1965年
油彩布本
74cm × 94cm

2.塞外运输速写稿
1964年
14cm × 21cm

画家也将目光投注到古老文化的遗尘之上（如《洪圣古庙》）。更有某段历史的现场记录，这是中国人民一段共同的精神记忆，作品独特的文献价值和艺术价值毋庸置疑（如《广州出口商品交易会开幕》）。

余本的风景画以别致的构图和带有主观意识的色彩，给人一种新的意境。他的风景画作品通常有三稿：一是非常简括的钢笔（圆珠笔）速写稿，二是小幅色彩写生稿，三是大幅完整的作品。中国画讲究意在笔先，经营位置，余本的风景画创作方式也颇有相同之处。

陈丹青说："所有的好作品都是艺术家的享受记录，每幅好画凝固了画家的享受、愉悦、得意扬扬。所有的艺术都是苦修，天才的苦功要看草稿。"陈丹青解释说："你一开始画一幅画，是在那幅空白的布上寻找那张画，你的目光是新鲜的、机警的、锐利的。到了复制，就算再怎么全神贯注，那幅画已经在那儿了，一路这么画下来，其实是核对和加工的过程。"①

王国维说："诗人对宇宙人生，须入乎其内，又须出乎其外。入乎其内，故能写之。出乎其外，故能观之。入乎其内，故有生气。出乎其

---

①陈丹青《所有的艺术都是苦修》，原载公众号"看理想"。

1.修船厂
1958
水彩纸本
51cm×69cm

2.修船厂
1958
油彩板本
71cm×91cm

外，故有高致。"①画家何尝不是如此，通过深入生活、观察生活、体验生活，去表现生活。而这种对生活的观察，除了外出采风、走马看花，更靠平日生活随时随地的积累。构成人类经验的心理元素：一是主体对事物的直接知觉；二是主体离开具体事物后在意识中留下的意象，这种意象又分为记忆意象和创见意象。余本的风景画，除了记忆意象，如《西环码头》《果摊》《公园一角》《星湖》等；也有创见意象，如《尖沙咀钟楼夜景》《台风到来之前》《渔船》《农村风景》等等，这与画家对绘画的理解有关。

余本的写生方式，先对眼前的景致用笔勾出简单线条，用眼、用手、用脑对眼前景致进行初步提炼和概括，去粗取精。在画色彩稿时，则以这种线条速写稿为依据，按记忆的印象和感觉去发挥想象。画家去感受生活，从生活中发现和选择素材，是立意的过程，把这种感受和素材变成作品，从写生变成创作，是一个不断创造的过程。这既包含画家对生活的理解、感受，也孕育着表现形式的构思。余本的油画写生作品，色调厚重、含蓄、跳荡、净朗，由此生发出的愉悦与和谐，更多地呈现出感性的直觉感知。中国人的气质和中国山川的情韵似乎自足地在画家身上呈现出力量，某种中国式的境界有时会自然地溶透画面。

随着工业文明的迅速发展，人类反而以越来越快的速度远离家园。同时，物质文明的一体化、标准化也日益侵害着人类感觉的无限丰富性。在这个时候，余本以独特的方式承担起自己的文化使命，用独特的经验方式使人与生活之源相连接，使世界深处被人忽略或遗忘的诗意光辉重新显露出来。

1989年，余本双目失明，画家心灵的窗户被迫关闭。那些经常在画家脑海里闪现的构思、那些鲜活的构图和色彩，被永远封存在心灵的深处。翻看《余本写生作品集》会发现，余本有一批色彩小稿，尺寸均在20cm×28cm左右，最终没能整理成完整的创作，画家眼中的景致与心中奔涌的激情未能通过画笔呈现给观众，这是余本的遗憾，也是中国美术界的重大损失。

①王国维《人间词话》。

| 1 | 2 |

1.桑基鱼塘
1962年
油彩板本
75cm×62cm

2.桑基鱼塘（写生稿）
1962年
油彩纸本
40cm×28cm

对比《桑基鱼塘》写生稿与完成后的作品，写生稿虽不及正稿完整，但松爽的笔触呈现出画家鲜活的感觉。

余本的水彩风景

世界静穆地存在，生活浑穆地展开，由于地域性文化氛围的缘故，余本的作品始终充盈着温暖而开放的气息。余本的水彩画多以香港的乡村为题材，他把观众引向巷陌，引向水乡，那些最为熟稔的景致，那些与人们日常生活和步履叠合的质朴的风景。在余本的笔下，小桥流水、村里人家，小船静寂地送走黑夜迎来黎明，石板路坚实地承载起人类所有的离合与悲欢……一切都自在自足，宁静祥和，呈现一种自然的原始状态与生命的本质状态，这便是余本眼中的香港乡村，也是余本在充分理性化的现实情境中，为观众留下的感性家园。我们似乎从作品中感受到了画家的召唤，感受到世界的平安与仁爱，感受到阳光下浓荫中的蝉鸣、夏天雨后的清凉以及小鸟永不疲倦的吟唱。

有房子便有人，有人便有生存，有生存便有人类的故事。生与死，灾难与幸福、胜利与屈辱、隐忍与爆发等等诸种人类的变幻无常的命运与故事都曾经或即将发生在这些屋檐之下、庭院之中，只有太阳永远照临。当生活在高度繁华的都市中的人们寻梦一般地去寻找失去的乐园时，他们发现了余本，透过余本留下的这些水彩作品，找到了某些在心中在梦里呈现的乐园，这当中聚集着所有安详、纯洁、和谐的故事，我也愿意从这个角度去欣赏和理解余本的水彩画作品。

余本的水彩画与他的油画风格不同，不在细节的描绘，不在色彩的凝重与丰富，而是以高度简洁的用笔，简约的色彩、淋漓的水分，在近乎单色而透明的画面中，呈现即兴速写的意象，意到笔到、点到即止、水色交融。在他的笔下，世界被纯化，被简约地纳入清新、酣畅的视觉之中，与自然一样。保持着自由的和谐与灵动之美。自然本身的意义，绝不在其自身的实体存在，而是通过画家自我超越达到心理自由，这正是中国文化的主要倾向，也是画家创作中使艺术精神达到至高之境的方式之一。

这两张《渔民生活》构图与人物动态均相同，但色调不同：前一张估计是写生稿，第二张的尺寸略大并有作者签名，应是在第一张的基础上进行整理、加工，无论是色彩、人物动态、船和房子都画得更深入更

1. 市集
1945年
水彩纸本
29cm × 38cm

2. 古庙
1949年
水彩纸本
29cm × 38cm

| 1 | 2 |

1.渔村店铺
1944年
水彩纸本
29cm × 38cm

2.大眼鸡渔船
1952年
水彩纸本
39cm × 58cm

225　下篇 / Part II ──────── 余本的风景画 / Yee Bon's Landscape Paintings

1. 渔民生活（四）
1952年
水彩纸本
29cm×32cm

2. 渔民生活
1945年
水彩纸本
29cm×38cm

3. 渔民生活（稿）
1945年
水彩纸本
28cm×29cm

丰富。事实上，余本有一批单色的未署名的水彩写生稿，可不可以这样推断，有署名的才是余本认可的完整的作品，未署名的仅是写生的未完成的画稿？从这批画稿可见，余本是位勤劳而认真的画家，他掌握的素材不少，构思也很多，只是还来不及整理。无论如何，余本为我们留下了一个温润、朴素的香港，一切都自然地呈露着，这是一种笼罩在流动的气息中的自然景象与人类生活的合一。这就是画家心中的香港乡村，这里色彩已不被当作外物的客观属性，而是画家特定时空中的主体感受，并自然而然地默契了某种总体的人类情感。

无论是在香港还是在内地，余本用形形色色的途径接触、容纳、影写、建构这个世界。虽然艺术观念和艺术表现手法因环境的变化而有所改变，但对画家来说，重要的不是"何所表现"和"何以表现"，而是"如何表现"，这正是艺术活动之奥妙。我们就这样存在于苍天之下，大地之上。既然艺术家可以自如地令整个世界的内在规定性得到超越，并因此而获得无限的形式的自由，那么，还有谁会比艺术家更幸福的呢？虽然随着生活环境的转变，余本的作品风格有所改变，但返归生活，居于人间世，与生活保持一种和谐的状态，是余本风景画作品的共同意蕴，这种生活，正是画家所行所居所息的世界中的一切存在过程，人活着，便据有生活。

余本的作品有一个共同特点，没有创作时间和画题的记录，有些作品甚至没有签名，这为研究工作带来了一定的难度，目前正式出版的画集里的作品、画题、创作时间是余本的家人和朋友根据记忆添加的，有些准确，有些不大准确。余本油画上的印章多是他手绘的，一些小画稿也是他印的，因太多了，有的就叫孩子学他印的方法再印上。面对余本的作品，总有一些问题萦绕心中：诸如余本为什么会画这件作品，是在什么时间、什么地点，在怎样的情况下画这件作品？考证工作成为余本研究的一个重点。

余本的水墨画

艺术史上,古往今来令人眼花缭乱的艺术观念和艺术手法层出不穷,在世界的子民中,有一部分是世界的"漂白者"——中国水墨画家即可隶属这一行列。阳光只有在他们的笔下才会失去繁艳的色彩,光学原理和某些物理学法则也唯有在这里才收敛自信的光芒。世界被纯化,被坚定而简约地纳入黑白两极色和二者中间的无限灰度之中,而仅仅是期待于在欣赏者的心理天幕上重放光华。

黄蒙田说:"余本是油画家,这是大家知道的,但是他也画中国画,这对很多朋友来说恐怕是新鲜事吧。以《江上卧青山》为例,意境很新,江上木船,岸上小屋,山麓疏林和背景上的一列青山交代得一清二楚,水、墨、笔的结合是为了营造它的题目所指的境界。未看余本的水墨画之前我不存太高的希望,想来不过是一个油画家的即兴之作而已。看过之后才知道,他是认真对待这一门艺术的,没有丝毫游戏成分。依我的见解,余本从来没有转移做一个水墨画家的意思,他在传统水墨表现现实生活风景方面进行一连串尝试,其实是为了理解、熟习传统,这个实践过程是为了供油画借鉴,依然是为了油画民族化进行探索。我留意到他油画上画山的结构、造型、阴阳和皴擦等等,显然是借用传统水墨画的画山方法。画树和画水,也很容易在他的水墨画上找到一些痕迹。"

我们早就熟悉余本油画世界的经验方式,然而我们还发现,他也不仅仅耽于成为色彩世界的创造者,对中国画的探讨成为他晚年创作的一个尝试,于是我们看到了余本笔下一批国画山水。黎雄才曾为余本的国画《出峡》题款:"余本老兄精擅油画,甚少做国画,此帧构图笔墨俱佳,殊为难得,雄才为之题。时年九十九岁于珠江南岸福星居"。

在余本这里,也许是因为油画的语言过于炽热与斑斓,中国画的舒徐韵致可使油画的色域得到缓冲。在他的笔下,油画遒劲的爽利笔触倏尔化为或飘逸或迟缓的墨线:山石耸峙、杂木丰茂;画布上迷蒙的云彩在这里转为或凝定或纷披的点簇:波光帆影,烟云缭绕;画布上层次分明的彩色世界化为墨色淋漓的长江山水。正所谓"荡胸生层

下篇 / Part II ———— 余本的风景画 / Yee Bon's Landscape Paintings

1

1.三峡渔家
1975年
水墨纸本
35cm × 45cm

| 1 | 2 |

1. 长江山景（三）
1975年
水墨纸本
59cm×39cm

2. 长江风景（四）
1975年
水墨纸本
42cm×60cm

云"。画面的云气、水气、雾气、盘郁之草木，叠嶂之山峦，原来都充溢于余本经年的写生经验之中。在黑与白这最富于限定性的抽象色域中，余本建构了独特的自然景观和生活景观。以独特的方式更新自身对外在世界的感觉。

1.长江风景（七）
1974年
水墨纸本
60cm×40cm

2.黎雄才题《出峡》
释文：余本老兄精擅油画，甚少作国画。此帧构图笔墨俱佳，殊为难得。雄才为之题，时年九十九岁，于珠江南岸福星居

3.出峡
1975年
彩墨纸本
39cm×48cm

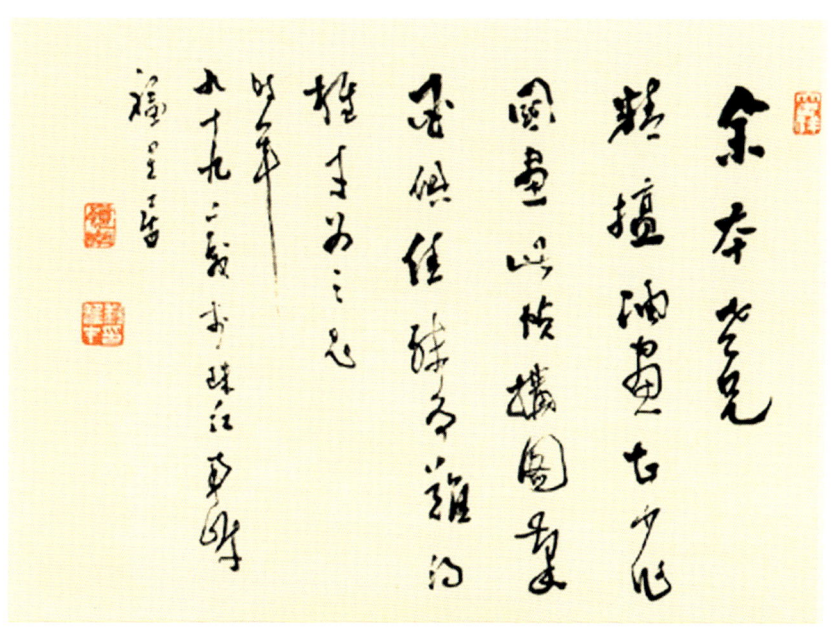

余本的花卉·静物

Yee Bon's Flower & Still-life Paintings

余本一生画了大量花卉、静物作品,这是他对绘画技法和色彩进行各种探索和尝试的奇妙领域。基于画家的天性,在这里,余本终于可以自由地选择绘画的对象,按照兴趣摆放静物,设计光线,从容地研究光、色彩、静物的质感,从容地表现画家内心的喜好、乐趣与心境,从容地表现画家眼里纯粹之美。

作为艺术家,余本随时随处皆能发掘诗意,却并不总是在壮观轰烈之中,而是在身边司空见惯的生活中发掘,在温馨幽淡的气氛中发掘,在他沉静的有时会突然有些忧郁的心境中发掘,这方是余本静物花卉作品的特有方式和特有氛围。对于造型艺术家来说,重要的首先并非画什么,而是怎样画,带着什么心绪去画。他的静物严谨而不呆滞,他的花卉洒脱而不轻浮,清新优美中有一种淳朴亲切的情致,不但表现了他的艺术造诣和修养,而且显示了他艺术家的品格。

1

1.玫瑰

1950年

油彩板本

31cm×41cm

《玫瑰》呈现的是:接叶连枝千万绿,一花两色浅深红。[1]在一个简单的视觉意象之中注入绵长的韵味,自然而然地呼唤起观众的嗅觉记忆。这就是余本的"象外之旨"。

---

[1] 宋朝杨万里《红玫瑰》有句:叫关月季姓名同,不与蔷薇谱谍通。接叶连枝千万绿,一花两色浅深红。风流各自燕支格,雨露何私造化功。别有国香收不得,诗人薰入水沉中。

| 1 | 2 |

1.菊花
1947年
油彩布本
61cm×51cm

2.生鱼
1978年
油彩板本
31cm×41cm

　　《菊花》画面热情、浑厚、纯粹。构图丰满而松爽,色彩浓烈而脱俗。画家用厚重的点簇营造出生命绽放的律动和温暖的气氛。近代弘一法师有咏菊诗句:姹紫嫣红不耐霜,繁华一霎过韶光。生来未藉东风力,老去能添晚节香。风里柔条频损绿,花中正色自含黄。莫言冷淡无知己,曾有渊明为举觞。[1] 余本画菊是否也曾有相似的感悟?

---

[1] 弘一法师咏菊七律。

1

1.红棉
1983年
油彩板本
76cm×63cm

余本有《红棉》两幅,是他晚年所作。木棉花是热带树种,艺术史上向来用国画表现红棉树的较多,用油画把木棉花当静物来表现的作品则少见。余本直接把木棉花连枝带花插在花瓶,这种构图和表现方式甚为独特。清朝陈恭尹写木棉:覆之如铃仰如爵,赤瓣熊熊星有角[①]。1959年,广州市长朱光有"广州好,人道木棉雄。落叶开花飞火凤,参天擎日舞丹龙。三月正春风"[②]之句。看余本的木棉,花瓣热烈持重,枝干昂藏磊落。正所谓:浓须大面好英雄,壮气高冠何落落。在华侨新村和平路余本家后院有一株红棉树,每年花开时节,余本都会在树下仔细研究,然后折下几枝回家欣赏,摆在画室画画。如今那棵红棉树依然茁壮,已经有八九层楼高。

[①]清代诗人陈恭尹《木棉花歌》:粤江二月三月来,千树万树朱花开。有如尧时十日出沧海,更似魏宫万炬环高台。覆之如铃仰如爵,赤瓣熊熊星有角。浓须大面好英雄,壮气高冠何落落!后出棠榴枉有名,同时桃杏惭轻薄。祝融炎帝司南土,此花毋乃群芳主?巢鸟须生丹凤雏,落花拟化珊瑚树。岁岁年年五岭间,北人无路望朱颜。愿为飞絮衣天下,不道边风朔雪寒。
[②]朱光:《望江南·广州好》。

《冬瓜与小鱼》的构图和银灰色的调子,貌似信手拈来,鲜润生动,别有韵味。

1. 冬瓜与小鱼
1949年
油彩布本
51cm×61cm

2. 菖兰花
1948年
油彩板本
46cm×36cm

《菖兰花》红得热烈、白得净雅，用笔潇洒松爽，但求笔到意到，超凡脱俗。

1

1.向日葵
1949年
油彩布本
74cm×62cm

《向日葵》呈现着画家对阳光的记忆,令我想到了宋朝梅尧臣的诗句:骄阳育得精神秀,沃壤滋来体态丰。雅韵常存高洁处,好花不卧乱丛中。①

余本是生命的礼赞者,他笔下的花卉奔放而不失细腻,明丽而不失豪情。如果说余本的人物画更多地反映了社会的风貌而具有较强的时代气息的话,那么,他的花卉静物则更多地反映出画家的个性而具有更直接的抒情功能。他径直着眼于鲜花、瓜果、静物繁富的色彩,毫不犹豫地将它转化为视觉的盛宴,而并非从静物的枯寂、寥落之中去寻出文人式的吟唱以及壮士式的苍凉,无论是有生命的鲜花还是无生命的静物,在他这里被汇合成或明亮或沉雄的音响。在浓重浑厚的色调中,在富于力量的笔触中,我们看到的是某种木讷、顿挫、沉吟的东西,这种沉吟融桀骜于雍容,不过分张扬,不过分饶舌。在这种沉吟中,人并未抽身于生活之外,并未凌悬于艺术之上。人自有爱憎,艺术自是表现。

他的花卉静物作品就这样,在常常是明亮、含蓄、跳荡、净朗的调子中发出愉悦与和谐,更多地呈现出感性的直接感受。在这些响亮的调子中,充满着无可置疑的人类生活,以及对于人类生活的浓厚情怀——这是一种被写实强化的自然物质与被昭示着的人类生活的合一。人类唯有牢牢地把握住心灵的所思所感,把握住今天和明天,努力、奋勉地走在有限与无限的时间之中,这正是我们的命运,也是艺术家的命运。

①梅尧臣《咏向日葵》:破土昂然指碧穹,翠苗玉立沐春风。骄阳育得精神秀,沃壤滋来体态丰。雅韵常存高洁处,好花不卧乱丛中。虽非青帝座前客,磊落从容一笑翁。

5 余本生活年表（1905—1995）

Chronology of Yee Bon's Life (1905—1995)

1905

6月13日，出生于广东台山县高阳村，原名余建本，笔名余本（Yee Bon），号道庆。曾祖父余协矩，祖父余珍和，父亲余庭礼，祖父与父亲均为旅美华侨，母亲陈月仙。

Yee Bon was born on June 13 in Gaoyang Village, Taishan County, Guangdong Province. He was originally named Yu Jianben before he adopted the pen name "Yee Bon" and the pseudonym (hao) "Daoqing." His great-grandfather was Yu Xieju, his grandfather Yu Zhenhe, his father Yu Tingli, and his mother Chen Yuexian. Both his father and grandfather lived in the United States.

1912

7岁，在台山县里边乡读书。

清朝隆裕太后代宣统皇帝溥仪颁布退位诏书，清王朝宣告灭亡，中国两千多年的君主专制制度结束。

孙中山在南京宣誓就职临时大总统，改国号为"中华民国"，全国统一改用阳历。

At the age of seven, Yee attended school in Libian Town, Taishan County.
Sun Yat-sen is sworn in as the "provisional President" of Nanjing. He proclaims the state as the Republic of China and implements the nationwide adoption of the lunar calendar.
Empress Dowager Longyu of the Qing dynasty issues an imperial edict

bringing about the abdication of the Emperor Puyi. This marks the demise of the Qing dynasty and the end of the absolute monarchy that ruled China for over 2000 years.

1918

13岁，与同宗兄弟一起到加拿大阿尔贝塔省梅迪辛哈特市勤工俭学。

At the age of 13, Yee Bon moves with his cousin to the city of Medicine Hat, Alberta, Canada, for a work-study program.

1925

20岁，回台山与越南华侨陈玉珠小姐结婚。

国内局势极端混乱，孙中山在北京逝世、廖仲恺在广州遭暗杀、五卅血案、沙基惨案、省港工人大罢工、军阀混战、广东国民革命军第二次东征、南征。

At the age of 20, Yee Bon returns to Taishan and marries his wife, Chen Yuzhu, an overseas Chinese national from Vietnam.
The country is trapped in total chaos when Sun Yat-sen dies in Beijing, Liao Zhongkai is assassinated in Guangzhou, and major events occur, including the Massacre of the May 30th Movement, the Shakee Massacre, the Guangdong-Hong Kong Strike, and fights among warlords. The National Revolutionary Army in Guangdong proceeds with the second eastward and southward crusades.

1927

22岁，长子余锦臻台山出生。

赴加拿大马尼托巴省的温尼伯市勤工俭学。考入马尼托巴省的温尼伯艺术学校（Winnipeg School of Art, Winnipeg, Manitoba），老师是名画家莱昂内尔·莱莫恩·菲茨杰拉德（L.L.Fitzgerald）。学习两年后毕业。

这一年康有为去世，王国维自沉颐和园昆明湖，南昌起义。

At the age of 22, Yee's first son, Yu Jinzhen, is born in Taishan. Yee is admitted to the Winnipeg School of Art in Manitoba, Canada. He worked his way through college and graduated two years later under the mentorship and guidance of the noted painter L.L.Fitzgerald.

During this year, Kang Youwei, a prominent Chinese political reformist, passes away and Wang Guowei, a notable Chinese scholar and writer, drowns himself in Kunming Lake in the Summer Palace. The Nanchang Uprising occurs.

1929

24岁，10月，转入多伦多安大略省立艺术学院（Ontario College of Art）读大学三年级，跟随约翰·威廉·比蒂（J.W.Beatty）学习，院长是加拿大著名画家詹姆斯·爱德华·赫维·麦克唐纳（J.E.H.McDonald）。在学期间，除第一年外，后三年均凭优良成绩获奖学金。

这一年上海举办了"第一届全国美术展览会"。

美国华尔街股市崩盘，世界经济进入10年大萧条。

梁启超逝世。

At the age of 24, Yee Bon transfers to Ontario College of Art in Toronto, where he begins his junior year in October. He is taught by J. W. Beaty, and the President of the College is J. E. H. McDonald, a famous Canadian painter. During his studies, Yee won scholarships for three consecutive years for his outstanding work, with the exception of his freshman year.

In this year, the "First National Art Exhibition" is held in Shanghai.

The Wall Street Stock Market crashes and causes the ten year Great Depression.

Liang Qichao, a Chinese scholar and reformist, passes away.

1930

25岁，创作《奏出人间的辛酸》（*Eastern Music*）和《月琴》（*Night Melody*）两幅作品，入选安大略艺术展览会（Ontario Society of Artist Exhibition）。成为首位有作品进入加拿大国家级美术馆展览的华人画家。

李秉、胡炳堃、余本在多伦多大学街中华青年会大堂举办作品陈列展，以供中西人士观览，其中有余本的油画《孙中山先生遗像》，形神兼备。部分作品出售，以资学费之用。

梅兰芳经日本、加拿大赴美国，在多个城市演出京剧，历时72天。

At the age of 25, Yee creates two paintings, *Eastern Music* and *Night Melody*, which are both added into the Ontario Society of Artist Exhibition. This makes him the first Chinese painter to have works displayed in the National Gallery of Canada.

Lee Byng, Woo Quan, and Yee Bon display their works publicly at the Hall of Chinese Youth Association in the University Avenue of Toronto. Among these works is Yee Bon's painting, The Portrait of Mr. Sun Yat-sen. Some works are sold to raise money for tuition.

Mei Lanfang, a notable Peking opera artist, travels to the United States by way of Japan and Canada. He performs for 72 days.

1931

26岁。

5月，大学毕业，获得高级文凭。继续在校深造一年，在学校期间认识的同学有梁竹亭、李毓棠、李秉等。

In May, at the age of 26, Yee graduates from college and receives his diploma. Some of his classmates include Liang Zhuting, Lee Tong, and Lee Byng.

1932

27岁，创作油画《希望》（*Hope*），参加安大略美术展览会；《奏出人间的辛酸》（*Eastern Music*）第二次参加渥太华加拿大皇家艺术家画展（Royal Canadaian Artist Exhibition, Ottawa）。画室设在杰拉德西街19号，步行20分钟即可到达安大略艺术学院。

At the age of 27, Yee's oil painting, *Hope*, is featured in the Ontario Fine Arts Exhibition, and his painting, *Eastern Music*, is selected into the Royal Canadian Artist Exhibition in Ottawa for the second time. The art studio is located at No.19

Gerrard St. West, which is a 20-minute walk from the Ontario College of Art.

1933

28岁，《奏出人间的辛酸》第三次参加多伦多国际展览会（International Exhibition, Toronto）。受加拿大经济衰退影响，谋生困难，靠绘制壁画、肖像维持生计。

希特勒出任德国总理，德意志第三帝国形成。

At the age of 28, Yee's *Eastern Music* is once again displayed in the International Exhibition of Toronto. Due to the decline of the Canadian economy, Yee has to earn money by drawing murals and portraits.

In the same year, Hitler rises to power as the German Chancellor and creates the Third Reich of Germany.

1934

29岁，从加拿大返回家乡台山。

同年到香港定居，在九龙城启德机场附近的启义路租三个单间，用于居住和做画室，鬻画授徒。

与李铁夫一起在画室以冯钢百为模特画肖像。

At the age of 29, Yee Bon returns from Canada to his hometown Taishan.

Later, he moves to Hong Kong where he rents three single rooms on the Qingyi Road near Kai Tak Airport in Kowloon City. The three rooms are used as a living room, art studio, and selling and teaching room.

In his art studio, he draws with Li Tiefu a portrait of Feng Gangbai, a famous painter.

1935

30岁，创作油画《晚归》《福寿天成》等作品。

30年代初，一批留学西方的中国画家相继回到香港，开创了香港油画创作的新局面。

At the age of 30, Yee creates works such as *Late Return*, *Destined Fortune* and *Longevity*.

In the early 1930s, a group of Chinese painters studying abroad successively go back to Hong Kong and break new ground for the development of oil paintings in Hong Kong.

1936

31岁,加入"香港美术会"。

At the age of 31, Yee Bon joins Hong Kong Art Association.

1937

32岁,"余本、李秉画展"在香港告劳士打大厦一楼举行。共展出作品195张,其中余本作品65张,李秉作品130张。

8月底,应徐悲鸿邀请,余本、李铁夫、王少陵到桂林写生,历时一个多月,创作了油画《纤夫》。因日军轰炸广州,从桂林赶回香港。

次子余锦波在台山出生。

At the age of 32, Yee Bon and Lee Byng have a solo exhibition on the first floor of the Gloucester Tower in Hong Kong. A total of 195 paintings are displayed, of which 65 belong to Yee and 130 belong to Byng.

Towards the end of August, at the invitation of Xu Beihong, Yee goes with Li Tiefu and Wang Shaoling to Guilin to sketch. He stays there for over a month and creates the oil painting *Boat Trackers*. Later, Guangzhou is bombed by Japanese troops so the painters rush back to Hong Kong from Guilin.

His second son, Yu Jinbo, is born in Taishan.

1939

34岁。父亲余庭礼在台山去世,父亲与同乡合办的木材店"建兴和"倒闭。

三子余锦森在香港出生。

At the age of 34, Yee's father, Yu Tingli, dies in Taishan. The timber shop, Jianxinghe, that was built by his father and fellow countrymen closes down.

His third son, Yu Jinsen, is born in Hong Kong.

1941

三十六岁。

四子余锦堂在香港出生。

纳粹德国入侵苏联、珍珠港事件、美国介入太平洋战争、向轴心国宣战，日本向英国宣战。

12月8日，日军进攻香港；12月18日，日军登陆香港岛，港督杨慕琦签署无条件投降书；12月25日香港沦陷。

At the age of 36, Yee's fourth son, Yu Jintang, is born in Hong Kong.

This year also witnesses the invasion of Nazi Germany into the Soviet Union, the Pearl Harbor attack, the involvement of the United States in the Pacific War and its declaration of war on the Axis Powers, and Japan's declaration of war on Britain.

Hong Kong is attacked and occupied by the Japanese on December 25.

1942

37岁。

儿子锦臻、锦波、锦森随姑妈回台山避难。

香港日本军法统治结束，占领地政府成立。

Yee is 37 years old.

His sons Jinzhen, Jinbo and Jinsen, go with their aunt to take refuge in Taishan.

The Japanese military rule over Hong Kong ends and the government of the occupied territory is established.

1943

38岁。

五女余锦芳在香港出生。

余本与太太、四子锦堂、五女锦芳避居澳门，靠卖画和教授学员维持生计。

年底陈福善暂避澳门，余本和陈福善常一起交游写生，并到澳门贾伯乐提督街38号高剑父寓所拜访，参观高剑父的画作。

Yee is 38 years old.

His daughter, Yu Jintang, his fifth child, is born in Hong Kong.

He takes refuge in Macau with his wife and his fourth son, Jintang, and daughter, Jinfang. He supports his family by selling his paintings and teaching students.

At the end of the year, the painter, Luis Chan, also takes temporary shelter in Macau. Yee often goes out with him to sketch and they visit Gao Jianfu at his residence at No. 38 Rua do Almirante Costa Cabral to view his paintings.

1944

39岁。

8月1日,得澳门中华书局经理郑子展帮助,在澳门国际酒店举办"余本画展",盛况空前,展出作品被抢购一空。

12月22日,澳门协社画会在澳门市政厅为难童筹款举办"书画义展会",余本与高剑父、容漱石、沈仲强、冯康侯、郑褧裳、罗竹坪、杨善深、何磊、伍佩荣、牙雕专家王志勤等拿出作品参加义展。

Yee is 39 years old.

With the help of Zhen Zizhan, the manager of Chun Hwa Book Company in Macau, the "Yee Bon Art Exhibition" is held on August 1 at Macau International Hotel. The exhibition is unprecedentedly grand with all works of art on display being snapped up by attendees.

On December 22, the Association and Society for Painting holds a charity art exposition at the Municipal Council of Macau to raise money for displaced children. Yee participates in the expo with his paintings, along with Gao Jianfu, Rong Shushi, Shen Zhongqiang, Feng Kanghou, Zheng Jiongshang, Luo Zhuping, Yang Shanshen, He Lei, Wu Peirong, and the master of ivory carving, Wang Zhiqin.

1945

40岁。

9月6日,在澳门国际酒店四楼举办"余本画展",展出作品多为澳门风景写生,展期三天,盛况空前。画展结束后不久,余本携眷返回香港，暂住罗便臣道香港名流周寿臣旧居。

　　这期间的主要作品有《捕鱼》《莒兰花》《渔民肖像》等。

　　六女余锦文在香港出生。

Yee is 40 years old.

On September 6, the "Yee Bon Art Exhibition" is held on the fourth floor of the Macau International Hotel for three days. Works on display are mostly Macau landscape sketches, which again, are extremely popular among attendees. Not long after the exhibition, Yee returns to Hong Kong with his family, and stays temporarily at Chow Shouson's (a local celebrity) former residence on the Robinson Road.

In this year, his main works include *Fishing*, *Orchid*, and *Portrait of Fisherman*.

His daughter, Yu Jinwen, his sixth child, is born in Hong Kong.

1946

　　41岁。

　　在香港西环住下，教学生及售画为生，认识了蔡里安、何磊、谢子真等。从该年开始，每隔两年在香港思豪酒店或圣约翰教堂举办个人画展。

　　香港重建工作较亚洲其他地区快速，香港经济整体恢复，市民生活渐复常态。

At the age of 41, Yee settles in Sai Wan to teach and sell paintings where he meets Cai Li'an, He Lei, and Xie Zizhen. From this year on, he holds a solo exhibition every two years at either the Cecil Hotel or St. John's Cathedral, Hong Kong.

The reconstruction of Hong Kong is faster than that of the rest of Asia. Its overall economy is recovering and the community life gradually resumes back to what it originally was.

1947

　　42岁。

　　"余本（YEE BON）、陈福善（LUIS CHAN）、李秉（LEE

BYNG）联合画展"在香港胜斯酒店举行，成为画坛盛事，被誉为香港"画坛三杰"。

Yee is 42 years old.

The "Joint Exhibition of Yee Bon, Luis Chan, and Lee Byng" is held at St. Francis Hotel and becomes recognized as a significant event in the art world. The artists are praised as the "three masters in painting" in Hong Kong.

1948

43岁。

10月14日，为筹募儿童福利基金，帮助香港孤苦无依的儿童，在圣约翰教堂副堂举行了"十一画人联合义展"，参加的画家有伍步云、余本、李秉、周公理、M.G.Wong、陈福善、赵少昂、蔡里安、鲍少游、简琴石、简文舒等。

七子余锦汉在香港出生。

12月15日，"余本、陈福善、李秉第二次联合展览会"在思豪酒店举行。

Yee is 43 years old.

On October 14, the "Joint Charity Exhibition of 11 Painters" is held at the chapel of St. John's Cathedral in order to raise funds to help homeless children in Hong Kong. Ng Powan, Yee Bon, Lee Byng, Zhou Gongli, M.G. Wong, Luis Chan, Zhao Shao'ang, Cai Li'an, Bao Shaoyou, Jian Qinshi, and Jian Wenshu participate in the exhibition.

Yee's son, Yu Jinhan, his the seventh child, is born in Hong Kong.

On December 15, "The Second Joint Exhibition of Yee Bon, Luis Chan, and Lee Byng" is held in the Cecil Hotel.

1949

44岁。

10月，在香港湾仔六国饭店参加香港进步文艺团体庆贺"中华人民共和国成立"活动。

中国发生20世纪当中第二次历史巨变，10月1日，在天安门城楼举行了开国大典，毛泽东主席向全世界宣布"中华人民共和国成立"。

Yee is 44 years old.
He attends the celebration of the "Foundation of People's Republic of China" by Hong Kong's progressive art group at the Gloucester Luk Kwok Hotel, Hong Kong.
China experiences its second historic change in the 20th century when Chairman Mao Zedong proclaims to the world "the establishment of the People's Republic of China" on October 1 in the Founding Ceremony at the Tian'anmen Rostrum.

1950

45岁。

1月19日，"余本画展"在思豪酒店画厅举行。

7月，余本、李铁夫、徐东白、高谪生等参加香港华商总会发起的慰劳中国人民解放军画展。

7月30日至8月1日，"余本、黄潮宽、伍步云、陈海鹰、温少曼、吴列、雷雨七人画展"在思豪酒店画厅举行。任真汉为画展作序。

8月16日至23日，"香港西洋画十四人展"在香港大新公司七楼大新画厅举行，参展画家包括李铁夫、余本、伍步云、黄潮宽、陈锡钧、周公理、李锡朋、徐东白、周碧初、范洪甲、梅雨天等14人，集香港西洋画名家杰作于一堂，展出作品一百余件。

为香港半岛酒店（Peninsula Hotel）创作大型壁画《街景》《海景》。

12月1日，"余本、陈福善、李秉联合画展"在思豪酒店画厅举行，这是三人第三次联展。

英国政府承认中华人民共和国为代表中国的唯一合法政府。

Yee is 45 years old.
On January 19, the "Yee Bon Art Exhibition" is held in the gallery of the Cecil Hotel.
In July, Yee Bon, Li Tiefu, Xu Dongbai, Gao Zhesheng, and others take

part in the art exhibition sponsored by the Chinese General Chamber of Commerce-Hong Kong, which aims to express gratitude to the Chinese People's Liberation Army.

From July 30 to August 1, the "Painting Exhibition of Yee Bon, Huang Chaokuan, Ng Powan, Chen Haiying, Wen Shaoman, Wu Lie, and Lei Yu" is held at the gallery of the Cecil Hotel. Chen Zhenhan prefaces the exhibition.

From August 16 to 23, the "Western Painting Exhibition in Hong Kong by 14 Painters" is held at The Sun Gallery on the seventh floor of The Sun Company. The 14 painters include Li Tiefu, Yee Bon, Ng Powan, Huang Chaokuan, Chen Xijun, Zhou Gongli, Li Xipeng, Xu Dongbai, Zhou Bichu, Fan Hongjia, and Mei Yutian. Over 100 of their great works are displayed.

Yee draws large murals *Street View* and *Sea View* for the Peninsula Hotel in Hong Kong.

On December 1, the "Joint Exhibition of Yee Bon, Luis Chan, and Lee Byng" is held at the gallery of the Cecil Hotel, which is the third joint exhibition for this trio.

The British government acknowledges the People's Republic of China as the sole legitimate government that represents China.

1951

46岁。

6月30日,香港港九劳工教育促进会发起了筹募劳工子弟学校经费运动,在华商总会礼堂举办联合义展会,余本、张大千、黄永玉、鲍少游、赵少昂、叶少秉、周公理、李凤公、李迅萍、蔡里安、万籁鸣等近百人热烈响应,拿出作品参展。

7月25日,"香港美术会夏季美术展览"在花园道圣约翰教堂举行,余本、陈福善、徐东白、李秉均有作品参展。

8月底,"香港风光画展"在思豪酒店画厅举行,参展画家有伍步云、余本、黄潮宽、陈海鹰、雷雨、李流丹、吴列等。

11月6日,"余本画展"在酒店画厅举行,展出作品80件,包括油画和水彩。10日，港督葛量洪莅临展场欣赏作品。

Yee is 46 years old.

On June 30, the Hong Kong Kowloon Society for Advancement of Workers Education holds a joint charity exhibition at the hall of Chinese General Chamber of Commerce in order to raise education funds for the kids of workers. Nearly 100 artists support the exhibition by displaying their works, including Yee Bon, Zhang Daqian, Huang Yongyu, Bao Shaoyou, Zhao Shao'ang, Ye Shaobing, Zhou Gongli, Li Fenggong, Li Xunping, Cai Li'an, and Wan Laiming.

On July 25, the "Summer Art Exhibition of Hong Kong Art Association" is held at the St. John's Cathedral on the Garden Road. Yee Bon, Luis Chan, Xu Dongbai, and Lee Byng all have works on display.

At the end of August, the "Hong Kong Landscape Painting Exhibition" is held at the gallery of the Cecil Hotel. Participants include Wu Buyun, Yee Bon, Huang Chaokuan, Chen Haiying, Lei Yu, Li Liudan, and Wu Lie.

On November 6, the "Yee Bon Painting Exhibition" is held at the hotel hall. A total of 80 pieces of work are displayed, including oil paintings and watercolors. On November 10, Alexander Grantham, the governor of Hong Kong, attends the exhibition to view the paintings.

1952

47岁。

1月8日，"香港美术会年展"在圣约翰礼拜堂开幕。参加者中西画家有：李秉、余本、陈福善、刘大步、徐东白、罗宾氏、史太保、屈臣氏夫人、史刁力加夫妇、史蜜夫些那神父、郭大维、周千秋、乐卢廷、李祖佑、李锡彭等四十余人，展出作品148幅。

陈福善、李秉、余本组建"香港艺术社"，旨在吸引更多艺术同行者，共同推动香港艺术活动，他们的热情投入，对四五十年代的香港艺坛做出了重要贡献。

英皇乔治六世逝世，伊丽莎白二世继位。

Yee is 47 years old.

On January 8, the "Annual Exhibition of Hong Kong Art Association" is held at the St. John's Cathedral. Over 40 Chinese and foreign painters participate, including Lee Byng, Yee Bon, Luis Chan, Liu Dabu, Xu Dongbai, Robins, Shi Taibao, Ms. Wastons, Mr. and Ms. Steelega, Father Smith, Guo Dawei, Zhou Qianqiu, Yue Luting, Li Zuyou, and Li Xipeng. A total of 148 pieces of art are exhibited.

Luis Chan, Lee Byng, and Yee Bon establish the "Hong Kong Art Club," which aims to encourage more fellow artists to join the art sphere and promote art activities in Hong Kong. Their enthusiasm and efforts contributed significantly to Hong Kong's art circle in the 1940s and 1950s. In this year, King of the United Kingdom, George VI, dies and is succeeded by his eldest daughter, Elizabeth II.

1953

48岁。

6月，英国女王伊丽莎白二世加冕。

11月9日至15日，"余本油画展"在思豪酒店画厅隆重举行，展出作品一百多件。

Yee is 48 years old.

Elizabeth II, Queen of the United Kingdom, is coronated in June.

From November 9 through 15, the "Yee Bon Oil Painting Exhibition" is held at the gallery of the Cecil Hotel and over 100 pieces of work are displayed.

1954

49岁。

9月，英国重要的艺术杂志《画室》发表香港画家作品6幅，包括陈福善的《退潮》、余本的《白马琵琶》、鲍少游的《鱼乐图》、李锡彭的《看鸭女》、李秉的《雨至》、伍步云的《围棋》。这是该杂志首次发表华人画家作品，发表后在伦敦画坛引起极大反响，使西方人对东方艺术有了更多认识。

11月3日，参加英国文化协会主办的"七人画展"，展场设在告劳士打大厦二楼香港美术会图书馆。参展画家有陈福善、李秉、余本、李锡彭、鲍少游、伍步云、徐东白等。14日港督葛量洪夫人莅临参观。

Yee is 49 years old.

In September, an important British art magazine, *The Studio*, publishes six pieces of work by Hong Kong painters, including Louis Chan's *Ebb Tide*, Yee Bon's *White Horse and Chinese Lute*, Bao Shaoyou's *Joy of Fish*, Li Xipeng's *Woman Watching Ducks*, Lee Byng's *Falling Rain*, and Ng Powan's *Go*. This is the magazine's first publication of Chinese painters' works. This moment reverberates throughout London's art circle and brings greater recognition of eastern art to the western world.

On November 3, Yee participates in the "Painting Exhibition of the Seven" held by the British Council at the library of Hong Kong Art Club on the second floor of the Gloucester Tower. Other participants include Luis Chan, Lee Byng, Li Xipeng, Bao Shaoyou, Ng Powan, and Xu Dongbai. On November 14, the governor of Hong Kong, Alexander Grantham's wife attends the exhibition.

1955

50岁。

11月28日至30日,"余本画展"在圣约翰教堂展出,28日上午11时,港督葛量洪夫妇莅临展场,展出历年杰作共230件,是余本历年展览中作品最多的一次,观众如潮。

Yee is 50 years old.

From November 28 to 30, the "Yee Bon Art Exhibition" is held at St. John's Cathedral. At 11: 00 a.m. on November 28, Sir Alexander Grantham and his wife attend the exhibition which displays 230 masterpieces by Yee Bon. The exhibition attracts an enormous audience because it has the largest number of Yee's works.

1956

51岁。

4月,广州市人民政府根据美协广州分会的倡议,邀请在香港的著名画家余本、徐东白、梁竹亭、谭华牧回广州定居。

中共中央政治局扩大会议提出"百花齐放、百家争鸣"方针。

5月，接受祖国政府邀请，随港澳同胞参观团参加北京五一观光，受到周恩来总理接见，并到东北、杭州等地观光。

8月，美协广州分会做好迎接香港画家余本、徐东白、梁竹亭回穗的准备工作。

9月12日，响应周总理对海外知识分子回国参加建设的号召，携全家从香港回广州，定居华侨新村。被安排在中国美术家协会广州分会工作，每月工资360元。

9月15日，广东省文化局、广州市文化局、广东省华侨事务委员会、中国作家协会广州分会等机构在广州大同酒家设宴欢迎从香港回广州的余本夫妇和国画家叶少秉。参加宴会的有广东省文化局副局长林山、李门，中国美术家协会广州分会副主席胡根天、廖冰兄、符罗飞、卢振寰以及画家赵本、黄笃维、冯钢百、汤由础、何克敌等二十多人。

9月28日，余本在华侨新村新寓所招待画家朋友，黄新波、赵本、黄笃维、冯钢百、汤由础、何克敌、徐东白等出席。

10月15日，"香港画家作品展览"在广州文化公园举行。画展展出了余本、徐东白、谭华牧等8位画家的作品145件，其中油画127件，水彩17件，木刻1件。美协广州分会在广州文化公园展场举行了座谈会。这个展览还分别在北京、上海、武汉进行巡展。

Yee is 51 years old.

In April, in response to the request of Guangzhou Branch of China Artists Association, Guangzhou Municipal People's Government invites several famous artists in Hong Kong to move to Guangzhou, including Yee Bon, Xu Dongbai, Liang Zhuting, and Tan Huamu.

In the meeting held by the Politburo of the CPC, it is put forward to "let a hundred flowers blossom, and let a hundred schools of thought contend."

In May, at the invitation of the Chinese government, Yee Bon tours Beijing on the same day as a visiting group of compatriots from Hong Kong and Macau. Here, he meets Premier Zhou Enlai. Later, he goes sightseeing across

Northeast China and Hangzhou.

In August, the Guangzhou Branch of China Artists Association welcomes artists Yee Bon, Xu Dongbai, and Liang Zhuting.

On September 12, in response to Premier Zhou's call for overseas intellectuals to come home and take part in China's reconstruction, Yee Bon returns with his family from Hong Kong to Guangzhou and settles in Overseas Chinese New Chalet. He is assigned to work in the Guangzhou Branch of China Artists Association with a monthly salary of 360 yuan.

On September 15, Guangdong Bureau of Culture, Guangzhou Bureau of Culture, Guangdong Overseas Chinese Affairs Committee, Guangzhou Branch of China Writers Association and other organizations hold a banquet at Guangzhou Dai Tung Restaurant to welcome Mr. and Ms. Yee and the Chinese artist, Ye Shaobing, to Guangzhou from Hong Kong. Attendees include Deputy Directors of Guangdong Bureau of Culture, Lin Shan and Li Men, Vice Chairman of Guangzhou Branch of China Artists Association, Hu Gentian, Liao Bingxiong, Fu Luofei and Lu Zhenhuan, and over 20 painters that include Zhao Ben, Huang Duwei, Feng Gangbai, Tang Youchu, and He Kedi.

On September 28, Yee Bon hosts his colleagues at his new apartment in the Overseas Chinese New Chalet. Huang Xinbo, Zhao Ben, Huang Duwei, Feng Gangbai, Tang Youchu, He Kedi, and Xu Dongbai attend.

On October 15, the "Hong Kong Artists' Work Exhibition" is held in Guangzhou Cultural Park. A total of 145 paintings are on display, of which 127 are oil paintings, 17 watercolors, and 1 woodcut. All of the pieces were created by eight painters, including Yee Bon, Xu Dongbai, and Tan Huamu. The Guangzhou Branch of China Artists Association hosts a symposium for the exhibition in Guangzhou Cultural Park. Itinerant exhibitions are also held in Beijing, Shanghai, and Wuhan.

1957

52岁。

3月9日至24日,"香港油画家作品展览会"在上海美术馆举行,展出余本、徐东白等人的作品133件。

5月，《守卫》《七星岩》《少女》《海珠桥》4件作品参加"第一届华南美展"。

中央先后三次发出关于干部参加劳动的决定，全国上百万干部下放农场和工厂参加劳动。

8月1日，由中国人民解放军总政治部文化部、中央文化部、中国美术家协会联合主办的"庆祝中国人民解放军建军30周年纪念美术作品展览会"在北京劳动人民文化宫举行，共展出作品420件。广东入选了26位画家的37件作品，余本的油画《女军医》参展。

11月，《人民日报》发表社论，提出"大跃进"的口号。

12月，作品《田间归来》送莫斯科参加社会主义国家造型艺术展览，并被印成明信片在莫斯科发行。这个展览全国共入选作品277件，其中广东入选22件作品。

同年担任广东省政协委员，省人大代表。

中国第一个五年计划完成。

Yee is 52 years old.
From March 9 to 24, the "Hong Kong Oil Paintings Exhibition" is held in Shanghai Art Museum, displaying 133 works by Yee Bon and Xu Dongbai.
In May, four works by Yee Bon, *Guard*, *Seven Star Cave*, *Maid*, and *Haizhu Bridge*, are featured in the first session of the "Southern China Art Exhibition."
The Central Committee issues three decisions on cadres participating in labor that result in millions of cadres across the country being sent to farms and factories to do manual work.
On August 1, the "Memorial Art Exhibition on the Celebration of the 30th Anniversary of the Founding of Chinese People's Liberation Army" is held at Beijing Working People's Cultural Palace and is co-hosted by the Culture Department under People's Liberation Army General Political Department, Culture Department of the Central Committee, and the China Artists Association. A total of 420 works are displayed, of which 37 are works by 26 painters from Guangdong. Yee Bon's oil painting, *Female Military Doctor*, is exhibited.

In November, *People's Daily* publishes an editorial that introduces the slogan, "Great Leap Forward."

In December, Yee Bon's work, *Back from the Field*, is sent to Moscow for the Plastic Arts Exhibition of Socialist Countries and is printed on postcards that are issued in Moscow. A total of 277 works from China are selected for the exhibition, of which 22 works are from Guangdong.

In the same year, Yee is elected as Member of Guangdong Provincial People's Political Consultative Conference and Deputy to Guangdong Provincial People's Congress.

China's first five-year plan is completed.

1958

53岁。

4月至5月中旬，余本随广东省政协学习团到湛江专区进行整风学习活动。

5月31日，余本随广州文艺界新会访问团一行240人冒着风雨云集新会，访问团参观了圭峰山劳动大学、城郊城南农业合作社、龙潭水库工地和农业馆、废物利用展览会等。

"大跃进"运动在全国展开。

参加省政协学习班到海南岛旅行参观。

8月，中央开展全民大炼钢铁运动。

母亲陈月仙在台山乡下去世。余本与家人一起回乡为母亲奔丧。

Yee is 53 years old.

From April to the middle of May, Yee Bon goes with the task force, Guangdong Provincial People's Political Consultative Conference, to the Zhanjiang prefecture to learn about the rectification movement.

On May 31, Yee travels with 240 people from the Guangzhou art circle to Xinhui City despite the stormy weather. The delegation visits the Guifengshan Labor University, the agricultural cooperatives in the suburb and south Xinhui, the Longtan reservoir and agricultural pavilion, and a waste recycling exhibition.

The "Great Leap Forward" movement is carried throughout the country. Yee goes on a tour to Hainan Island with the task force, Guangdong Provincial People's Political Consultative Conference.

In August, the nationwide iron and steel production campaign is launched by the Central Committee.

Yee's mother, Chen Yuexian, dies in Taishan Village.

1959

54岁。

4月6日至15日，余本、李云、邓耀平应湖南人民出版社邀请到韶山写生，余本创作油画十余幅，包括《韶山天文台》《清水塘》等，14日在湖南人民出版社做内部观摩。作品由湖南人民出版社出版。

6月，毛泽东主席回到阔别32年的故乡韶山。

中国美协在北京举办"余本画展"。

5月，美协广州分会举办了"第二届华南美展"，从中挑选作品参加"第三届全国美展"。

10月，参加庆祝新中国成立10周年美展，即"第三届全国美展"，余本创作了《雨中出勤》《毛主席故居》《女民兵》《摘荔枝》《城郊》等作品参展。此外还创作了《公社自有回天力》《水库工地》（素描）、《收割》《华侨新村》《白云山上》《通什山城》《莺歌海盐田》等作品。

广州国画院筹委会成立，朱光市长为主任委员，潘燕修、黄新波、关山月为副主任委员。

北京人民大会堂竣工。

Yee is 54 years old.

From April 6 to 15, at the invitation of Hunan People's Publishing House, Yee Bon goes to Shaoshan to sketch along with Li Yun and Deng Yaoping. There, he draws over ten oil paintings, including *Shaoshan Observatory* and *Qingshuitang*. The works are exclusively observed within the Hunan People's Publishing House on April 14, and then published afterwards.

In June, Chairman Mao Zedong returns to his hometown Shaoshan after 32 years of leaving.

The "Yee Bon Art Exhibition" is held in Beijing by the China Artists Association.

In May, the second session of the "Southern China Art Exhibition" is hosted by the Guangzhou Branch of China Artists Association, from which great works are selected for the third session of the "National Art Exhibition."

In October, Yee Bon takes part in the third session of the "National Art Exhibition" to celebrate the tenth anniversary of the establishment of the People's Republic of China. His works on display include *On Duty in the Rain*, *Former Residence of Chairman Mao*, *Female Militia*, *Picking Litchi* and *Suburb*. Additionally, he creates works such as *People's Commune has Strong Capability*, *Reservoir Site (sketch)*, *Harvest*, *Overseas Chinese New Chalet*, *On the Baiyun Mountain*, *Tongshi Mountain City*, and *Yinggehai Salina*.

The preparatory committee of Guangzhou Traditional Chinese Painting Academy is established, with Mayor Zhu Guang as Chairman, Pan Yanxiu, Huang Xinbo, and Guan Shanyue as Vice Chairmen.

The Great Hall of the People is completed in Beijing.

1960

55岁。

六七月，中国美协主办的"全国美术展览会"在故宫、北海公园、美协展览馆同时展出，参展作品910件，广东入选39件。

7月，作为全国文艺工作者第三次代表大会代表，在人民大会堂开会，在中南海接受毛泽东主席等党和国家领导人的接见，并合影留念。此外参加中国美术家协会第二次会员代表大会，在北京开会之余，余本在京城画了不少速写，包括《北京风景》《北京鼓楼》等。

到新丰江、湛江、海南岛采风。

Yee is 55 years old.

In June and July, the "National Art Exhibition" is held by the China Artists Association at the National Palace Museum in Beihai Park and the exhibition hall of the China Artists Association. A total of 910 works are displayed, of which 39 are from Guangdong.

In July, as a representative of the Third Session of the National Literary and Art Workers Assembly, Yee Bon attends the conference held at the Great Hall of the People. He is received by Chairman Mao and other party and state leaders. In addition, he also attends the Second Session of Member Representative Assembly of the China Artists Association. In his spare time, he draws many sketches of Beijing, including *Scenery of Beijing* and *Beijing Drum Tower*.

In the same year, Yee travels to Xinfeng River, Zhanjiang, and Hainan Island to sketch.

1961

56岁。

5月1日，在广州文德路"广州画苑"举办"余本油画展览"，展出作品83幅。

6月底，应华君武的邀请，在北京与吴作人、萧淑芳、郁风会合，一起到东北黑龙江、镜泊湖、吉林、延边等地旅行写生两个多月。在镜泊湖他们巧遇也在写生的傅抱石、关山月、程甲锐等十多人，众人在镜泊湖举行了一次小型写生观摩展览。写生结束后从东北回到北京。

10月14日至29日，中国美协、美协广东分会主办的"余本油画展览"在中国美协展览馆举行，展出作品145件。

上海人民美术出版社出版《余本画集》，收入1930年至1959年的作品28幅。

应黑龙江省委之请，为北京人民大会堂黑龙江厅创作油画《林区风景》。

Yee is 56 years old.

On May 1, the "Yee Bon Oil Painting Exhibition" is hosted at the Guangzhou Art Gallery on Wendu Road of Guangzhou; 83 works are displayed.

At the end of June, at the invitation of Hua Junwu, Yee joins Wu Zuoren, Xiao Shufang, and Yu Feng in Beijing, and they head for Heilongjiang, Jingpo

Lake, Jilin, and Yanbian to sketch for over two months. At Jingpo Lake, they meet with more artists, including Fu Baoshi, Guan Shanyue, and Cheng Jiarui, who are also drawing pieces on nature. As a result, the artists decide to hold a small exhibit by the Jingpo Lake to view and learn from each other. Later, Yee returns to Beijing.

From October 14 to 29, the "Yee Bon Oil Painting Exhibition" sponsored by the China Artists Association and its Guangdong branch is hosted at the exhibition hall of the China Artists Association: 145 works are displayed.

Shanghai People's Fine Arts Publishing House publishes *Yee Bon Paintings*, which includes 28 works from 1930 to 1959.

At the invitation of Heilongjiang Provincial Party Committee, Yee Bon creates an oil painting, View of the Forest, for the Heilongjiang Hall of the Great Hall of the People.

1962

57岁。

为北京人民大会堂广东厅创作巨幅油画《南海之滨》和《七星岩》，美协广东分会派何克敌担任助手。

5月19日至6月13日，为纪念毛泽东《在延安文艺座谈会上的讲话》发表20周年，美协广东分会主办的"广东省美术展览"在广州文化公园开幕，展出了170多位画家和业余作者的320件作品。5月21日，出席美协广东分会为纪念毛泽东《在延安文艺座谈会上的讲话》发表20周年举行的座谈会。

5月22日至7月1日，文化部、中国美协主办的纪念"'讲话'发表20周年全国美术作品展览"在中国美术馆举行，展出作品1989件，其中广东作品56件。

6月，在广州文化公园参加"伍步云油画展览"座谈会。

9月30日至10月22日，美协广东分会在文化公园举办"国庆美术展览"，展出作品350件，余本的油画《庄稼》参展。《羊城晚报》9月30日报道："余本的《庄稼》，以奔放的笔调和妍丽的色彩，表现了祖国东北荒原被开拓后生机勃发的气势。"

10月13日，余本参加美协广东分会举办的座谈会，讨论如何更好地开展本省美术创作活动，其中探讨了风景画的写生和创作中，画家如何处理生活感受的问题。参加会议的还有关山月、方人定、杨秋人、胡根天、郭绍纲等30多位美术工作者。

10月19日下午，余本等29人参加美协主办的座谈会，讨论美术如何支援农业问题。会议由黄新波主持。

11月24日，中共广东省委批准，广州国画院改名为"广东画院"，余本从美协广东分会调入广东画院。

12月2日，经中共广东省委同意，黄新波任广东画院院长，余本任广东画院副院长，关山月兼广东画院副院长，蔡迪支任广东画院秘书长。

Yee is 57 years old.

He creates two huge oil paintings, *Coast of the South China Sea* and *Seven Star Cave*, for the Guangdong Hall of the Great Hall of the People. The Guangdong Branch of China Artists Association assigns He Kedi to assist him.

From May 19 to June 13, the "Guangdong Art Exhibition" hosted by the Guangdong Branch of China Artists Association opens at Guangzhou Cultural Park to commemorate the 20th anniversary of the publication of Chairman Mao's *Talks at the Yan'an Forum on Literature and Art* ("the Talks"). A total of 320 works by 170 artists and amateur painters are displayed. On May 21, Yee attends the commemorative symposium held by the Guangdong Branch of China Artists Association.

From May 22 to July 1, the Ministry of Culture and China Artists Association co-sponsor the "National Fine Arts Exhibition in Commemoration of the 20th Anniversary of the Talks" at the National Art Museum of China; 1989 works are displayed, of which 56 are from Guangdong.

In June, Yee attends the "Ng Powan Oil Painting Exhibition" symposium at Guangzhou Cultural Park.

From September 30 to October 22, the "National Day Art Exhibition" is held by the Guangdong Branch of China Artists Association at Guangzhou Cultural Park. A total of 350 works are displayed, including Yee Bon's oil painting, *Crops*. According to *Yangcheng Evening News* on September 30, "In

Crops, Yee Bon uses bold strokes and bright colors to depict the vigor of the northeastern wasteland of China after exploitation."

On October 13, Yee Bon attends and speaks at the forum organized by the Guangdong Branch of China Artists Association on how to create works of art in Guangdong in a better way. Specifically, he talks about how a painter can convey his life experiences through sketching landscape pieces to improve his work. Over 30 other artists also attend the forum, including Guan Shanyue, Fang Rending, Yang Qiuren, Hu Gentian, and Guo Shaogang.

On the afternoon of October 19, Yee Bon and 28 other artists attend a symposium on how fine arts can support agriculture. The symposium is organized by the China Artists Association and moderated by Huang Xinbo.

On November 24, Guangzhou Traditional Chinese Painting Academy is renamed as Guangdong Art Institute with the approval of Guangdong Provincial Party Committee. Yee Bon is assigned to Guangdong Art Institute from the Guangdong Branch of China Artists Association.

On December 2, as approved by Guangdong Provincial Party Committee, Huang Xinbo is appointed as President of Guangdong Art Institute, Yee Bon as Vice President, Guan Shanyue as Adjunct Vice President, and Cai Dizhi as Secretary General.

1963

58岁。

2月，广东画院决定分组下乡，黄新波、余本、黄笃维、邓耀平去汕头一带采风。

5月23日至29日，"余本油画展"在香港大会堂八楼展览厅举行，展出油画近作共101件：包括风景、人物、静物。除了25件作品注明非卖品之外，其余全部标价出售，售价从港币300元至1500元不等。

12月30日，在广州文化公园举办了"社会主义好美术展览"，展出了106位画家的375件作品。余本的《农村新貌》参展，并创作油画《菜圃早春》。

Yee is 58 years old.

In February, Guangdong Art Institute decides to send artists to the countryside in groups. Huang Xinbo, Yee Bon, Huang Duwei and Deng Yaoping travel to Shantou to sketch.

From May 23 to 29, the "Yee Bon Oil Painting Exhibition" is held at the gallery on the eighth floor of Hong Kong City Hall. A total of 101 oil paintings are featured in the exhibition and include pictures of landscapes, figures, and still life paintings. With the exception of 25 works, all the pieces are for sale and priced between 300 to 1500 HK dollars.

On December 30, the "Socialist Fine Arts Exhibition" is held at Guangzhou Cultural Park and contains 375 works created by 106 painters. Yee Bon's *New Look of Countryside* is included in the exhibition. He also creates *Early Spring in the Vegetable Garden*.

1964

59岁。

2月8日至3月8日，中国美术家协会在中国美术馆举办"全国公社风光画展"，广东入选24件作品，余本的《农村新貌》参展。

三四月，应山西省文联副主席、美协主席苏光邀请，广东画家余本、黄新波、关山月、方人定到山西省旅行采风，访问了刘胡兰故乡、大寨、金沙滩防风林带、水土保育站、煤矿、炼钢厂、黄河、万里长城及其他新建设成就。这次采风是美协广东分会的革命化措施之一，也是广东画院专业创作干部下乡深入生活的具体实施。采风回来创作了《塞外运输》《公社书记》《万里长城》《黄河》等作品。

10月2日，大型音乐舞蹈史诗《东方红》在人民大会堂公演。

10月16日，中国第一颗原子弹引爆成功。

1964年12月21日至1965年1月4日，第三届全国人民代表大会第一次会议在北京举行，全国出席会议的代表共3040人，其中广东有159人，余本被选为省人大代表赴北京出席会议。

到八达岭长城写生。

Yee is 59 years old.

From February 8 to March 8, the "Scenery of Nationwide Commune Art

Exhibition" is hosted by the China Artists Association at the National Art Museum of China, where 24 works from Guangdong selected, including Yee Bon's *New Look of Countryside*.

In March and April, at the invitation of Su Guang, Vice Chairman of the Shanxi Federation of Literary and Art Circles and Chairman of the Shanxi Artists Association, Yee Bon travels with Huang Xinbo, Guan Shanyue, and Fang Rending to Shanxi Province to sketch. They visit Liu Hulan's hometown, Dazhai, the Golden Beach, soil and water conservation stations, coal mines, steel works, Yellow River, Great Wall, and other new constructions. This tour is one of the revolutionary measures adopted by the Guangdong Branch of China Artists Association and is also an invaluable opportunity for cadre artists from Guangdong Art Institute to witness life in the rural countryside. After the tour, Yee creates works such as *Transportation Beyond the Great Wall*, *Commune Secretary*, *The Great Wall* and *The Yellow River*.

On October 2, the grand musical, *The East is Red*, is performed in public at the Great Hall of the People.

On October 16, China's first atomic bomb is successfully detonated.

From December 21, 1964 to January 4, 1965, the first session of the Third National People's Congress is held in Beijing. A total of 3040 deputies attend the conference, of which 159 are from Guangdong. Yee Bon attends.

Yee sketches in Badaling.

1965

60岁。

6月13日至7月25日，文化部、中国美协主办的"全国美展中南地区作品展"在中国美术馆举行，展出作品492件，其中广东参展作品185件。

10月至12月，余本随广东画院美术工作队到广东省斗门县，一方面给农民送画、送幻灯，辅导农村业余美术作者和知青；另一方面进行创作。

创作《黄河渡口》。

Yee is 60 years old.

From June 13 to July 25, the "Central-South Region Art Show of the National Arts Exhibition" is co-hosted by the Ministry of Culture and the China Artists Association at the National Art Museum of China. A total of 492 works are displayed, of which 185 are from Guangdong.

From October to December, Yee Bon travels to Doumen County with the art team of Guangdong Art Institute. He continues to create new works, even while he gives out drawings and slides to farmers and teaches amateur painters and educated youth.

This is when he sketches *The Yellow River Ferry*.

1966

61岁。

6月,"文化大革命"开始,工作组进驻美协广东分会。

8月16日,全国性的大串联开始,18日毛泽东主席第一次接见红卫兵、学生和老师。

Yee is 61 years old.

In June, the Cultural Revolution begins and a task force is sent into the Guangdong Branch of China Artists Association.

On August 16, the national "great networking" begins. On August 18, Chairman Mao receives the Red Guards, students, and teachers for the first time.

1968

63岁。

9月15日开始,美协广东分会、广东画院全体人员与省内各文艺单位一起,被集中到广州二沙头省体育训练基地参加学习班,进行"清理阶级队伍"和"斗私批修",美协广东分会、广东画院、广州美术学院停止美术创作和教学活动。

12月,余本、黄新波、关山月、黎雄才、胡一川、潘鹤等一批艺术家被下放到广东三水南边原劳改场参加干校劳动改造,余本与潘鹤、梁世雄他们一起放牛和劳动。不久转去英德文艺干校。

Yee is 63 years old.

Starting September 15, staff from the Guangdong Branch of China Artists Association, Guangdong Art Institute, and other literary and art organizations in Guangdong are sent to Rrshatou Provincial Sports Training Base in Guangzhou to learn to "clean up class ranks" and "criticize selfishness, revisionism, and bourgeoisie." Artistic creation and teaching activities are cancelled within the Guangdong Branch of China Artists Association, Guangdong Art Institute, and Guangzhou Academy of Fine Arts.

In December, a group of artists including Yee Bon, Huang Xinbo, Guan Shanyue, Li Xiongcai, Hu Yichuan, and Pan He are sent to the cadre school, a former labor camp in Nanbian County, Sanshui District of Guangdong, to undergo reform through labor.

1971

66岁。

10月1日,"第一次全省美术、摄影展览"在广州举行。

11月,中国代表团首次出席联合国大会,恢复了在联合国的席位。

Yee is 66 years old.

On October 1, the first session of the "Provincial Art and Photography Exhibition" is held in Guangzhou.

In November, Chinese delegates attend the United Nations General Assembly for the first time, marking the restoration of China's seat within the United Nations.

1972

67岁。

从干校回到广州。

2月,广东省文艺创作室成立,下设美术摄影组,国家恢复了全国性的美术展览,部分画家从干校回到广州,从事美术展览的组织、指导和创作。余本、林墉、陈衍宁、汤小铭等在星火燎原馆画画。

尼克松总统应邀访问北京,发表中美联合公报,为中美关系正常化开辟了新的前景。

4月,国务院文化组主办的"纪念毛泽东《在延安文艺座谈会上的讲话》发表30周年全国美展"在中国美术馆举行,广东有33件作品参展。

5月,省文艺创作室举办"第二次全省美术、摄影展览"。

夏秋之间,余本邀请广东美术界"四大金刚"林墉、陈衍宁、汤小铭、伍启中到华侨新村家里做客,喝咖啡谈艺术。

9月,日本首相田中角荣应邀访问中国,中日两国政府联合声明在北京签字,宣布了中日邦交正常化。

Yee is 67 years old.

He returns to Guangzhou from the cadre school.

In February, the Guangdong Literature and Art Creation Studio is established and includes an art and photography group. National art exhibitions are restored, and some artists return from the cadre school to Guangzhou to organize exhibitions, provide guidance, and create art. Yee Bon, Lin Yong, Chen Yanning, and Tang Xiaoming work at Xinghuoliaoyuan (translation: a spark can start a prairie fire) Exhibition Hall.

President of the United States, Richard Nixon, visits Beijing. The Sino-US Joint Communique is published and opens up new opportunities for the normalization of Sino-US relations.

In April, the Cultural Section of the State Council sponsors the "National Art Exhibition in Commemoration of the 30th Anniversary of the Publication of Chairman Mao's *Talks at the Yan'an Forum on Literature and Art*" at the National Art Museum of China: 33 works from Guangdong are displayed.

In May, the Guangdong Literature and Art Creation Studio holds the second session of the "Provincial Art and Photography Exhibition."

Between summer and autumn, Yee Bon invites Lin Yong, Chen Yanning, Tang Xiaoming, and Wu Qizhong (famously known as "the four giants" in the Guangdong art circle) to his home at the Overseas Chinese New Chalet. They talk about art over coffee.

In September, Japanese Prime Minister Tanaka Kakuei visits China. The two government leaders sign the Sino-Japanese Joint Statement, which announces the normalization of diplomatic relations between

China and Japan.

1974

69岁。

创作《秦岭》。

10月1日至11月30日，国务院文化组在中国美术馆举办"全国美术作品展览"。广东入选作品59件。

黄新波赠送版画《起看星斗正阑干》给余本。

Yee is 69 years old.

He creates *The Qinling Mountains*.

From October 1 to November 30, the "National Art Works Exhibition" is held by the Cultural Section of the State Council at the National Art Museum of China; 59 works selected for display are from Guangdong.

Huang Xinbo gifts Yee Bon the print, *Crisscross Stars*.

1975

70岁。

10月1日至30日，广东省文化局主办的"庆祝建国25周年广东省美展"在广州海珠广场省展览馆举行。

Yee is 70 years old.

From October 1 to 30, the "Guangdong Art Exhibition in Celebration of the 25th Anniversary of the PRC" is held by the Guangdong Bureau of Culture at Guangdong Exhibition Hall in Haizhu Square, Guangzhou.

1976

71岁。这是改变中国命运的一年。

1月，周恩来总理病逝。

7月，朱德委员长去世。唐山大地震。

9月，毛泽东主席去世。

10月，江青、王洪文、张春桥、姚文元被逮捕，标志着"文化大革命"结束。举国欢腾、百业待兴。

到延安、成都、重庆、武汉等地采风，创作《延安》《长江三峡》

等风景画。

10月20日，省文化局、广东省美术摄影展览办公室在广州文化公园举办以"毛主席永远活在我们心中"为内容的"全省美术作品展览"。

At the age of 71, Yee experiences a year of major change in China.
In January, Premier Zhou Enlai passes away.
In July, Chairman of the National People's Congress Standing Committee, Zhu De, passes away and the Tangshan earthquake occurs.
In September, Chairman Mao Zedong passes away.
In October, Jiang Qing, Wang Hongwen, Zhang Chunjiao, and Yao Wenyuan are arrested, signaling the end of the Cultural Revolution.
Yee Bon travels to Yan'an, Chengdu, Chongqing, and Wuhan to sketch. He creates landscape paintings, including *Yan'an* and *The Three Gorges of Yangtze River*.
On October 20, the Guangdong Bureau of Culture and the Guangdong Fine Arts and Photography Exhibition Office co-sponsor the "Provincial Art Works Exhibition" at Guangzhou Cultural Park with the theme "Chairman Mao Lives in Our Minds Forever."

1977

72岁。

3月，中央工作会议揭开了拨乱反正的序幕。

5月23日至6月30日，文化部在北京为纪念毛泽东《在延安文艺座谈会上的讲话》发表35周年，举办"全国美术作品展览"。

10月1日至11月15日，省文化局在广州文化公园举办"广东省美术作品展览"。

中共十一次全国代表大会，重申建设社会主义现代化强国的任务。

12月，美协广东分会恢复活动。

12月5日至11日，在广东省文联第一届第二次全体委员（扩大）会议上，出席会议的美术家代表选举黄新波为美协主席。余本、关山月等13人当选为副主席。

12月，中断了10年的高考制度被恢复，尊重知识、尊重人才的社会风尚被重新确立。

Yee is 72 years old.

In March, the Central Working Conference sets the stage for bringing order out of chaos.

From May 23 to June 30, the "National Art Works Exhibition" is held by the Ministry of Culture at Beijing to commemorate the 35th anniversary of the publication of Chairman Mao's *Talks at the Yan'an Forum on Literature and Art*.

From October 1 to November 15, the Guangdong Bureau of Culture hosts the "Guangdong Art Exhibition" at Guangzhou Cultural Park.

The 11th National Congress of the CPC is held, reaffirming the task to develop a strong socialist and modernized country.

In December, the Guangdong Branch of China Artists Association resumes normal activities.

From December 5 to 11, at the second plenary session (enlarged) of the First Guangdong Federation of Literary and Art Circles Conference, Huang Xinbo is elected as Chairman of Guangdong Artists Association, and 13 other people, including Yee Bon and Guan Shanyue, are elected as Vice Chairmen.

In December, the college entrance examination system is resumed after 10 years of suspension and the social morals of respect for knowledge and talent are reestablished.

1978

73岁。

1月，广东画院举办"广东画院习作展览"，该展览在广州结束后，应邀赴湖南展出。

5月23日，美协广东分会为纪念《在延安文艺座谈会上的讲话》发表36周年，在广州举办"广东省美术作品展"。在广东省优秀美术作品评奖中，余本的《秦岭》获二等奖。

《光明日报》发表《实践是检验真理的唯一标准》，引发了全国范围的真理标准问题大讨论，对中国社会发展产生了深远影响。

同年被选为广东省第四届人大代表。中国人民政治协商会议第五届政协委员。

　　八九月，应旅大市委的邀请，黄新波、余本、黄安仁、何克敌、陈金章、麦国雄、王维宝、李国华8人到旅大市参观、讲课、作画。在旅大市他们遇到了刘海粟和叶浅予，以及毛主席的儿媳邵华和孙子毛新宇。并合影留念。

　　创作《棒槌岛》。

　　广东画院恢复运作。

Yee is 73 years old.

In January, Guangdong Art Institute holds the "Guangdong Art Institute Exercise Paintings Exhibition" which is then held in Hunan.

On May 23, in order to commemorate the 36th anniversary of Chairman Mao's *Talks at the Yan'an Forum on Literature and Art*, the Guangdong Branch of China Artists Association holds the "Guangdong Art Exhibition" in Guangzhou. Yee Bon's The Qinling Mountains is awarded second place for best art in Guangdong.

Guangming Daily publishes an article "Practice is the Sole Criterion for Testing Truth," which incites nationwide discussion of the criterion of truth and exerting profound influence on the development of Chinese society.

In the same year, Yee is elected as Deputy to the Fourth Guangdong Provincial People's Congress and Member of the Fifth Session of CPPCC National Committee.

In August and September, at the invitation of the Lvda Municipal Party Committee, eight artists visit Lvda City to sightsee, give lectures, and paint. These artists include Huang Xinbo, Yee Bon, Huang Anren, He Kedi, Chen Jinzhang, Mai Guoxiong, Wang Weibao, and Li Guohua. There, they meet with Liu Haisu, Ye Qianyu, Chairman Mao's daughter-in-law, Shao Hua, and his grandson Mao Xinyu. They take a photo together.

Yee creates *Bangchui Island*.

Guangdong Art Institute is back in operation.

1979

74岁。

1月，在东方宾馆参加粤港画家联欢。

5月，余本在美协广东分会会员大会上被选为第四次全国文代会代表、第三届中国美协理事。

5月1日至30日，中国美术馆、中国美协广东分会主办的"余本油画展"在中国美术馆举行，展出作品128件。

7月14日至29日，"余本油画展"在江苏省美术馆举行。7月31日，美协江苏分会和江苏省美术馆召开画展座谈会，会议由亚明主持。

8月11日至25日，"余本画展"在上海举行。8月25日上午，中国美协上海分会举行画展座谈会，上海、浙江美术界代表30多人以及余本、黄新波等参加了会议。

10月1日，"广东省美术作品展览"在广州海珠广场广东省展览馆四楼举行，余本有作品参展。

11月，赴北京出席中国第四次文代大会。

12月，美协广东分会、广东画院、广州文化公园主办"余本画展"在广州文化公园展出。

中共广东省委组织部〔1979〕37号文批准关山月任广东画院院长，有关部门批准余本、黄笃维、蔡迪支、陈洞庭任副院长。蔡迪支兼秘书长。

Yee is 74 years old.

In January, he attends a party with Guangdong and Hong Kong artists at Dongfang Hotel.

In May, during the assembly of the Guangdong Branch of China Artists Association, Yee is elected as Representative of the Fourth National Congress of China Federation of Literary and Art Circles and Council Member of the Third Session of the China Artists Association.

From May 1 to 30, the "Yee Bon Oil Paintings Exhibition" is held by the National Art Museum of China and the Guangdong Branch of China Artists Association at the National Art Museum of China: 128 paintings are displayed.

From July 14-29, the "Yee Bon Oil Paintings Exhibition" is held at Jiangsu

Provincial Art Museum. On July 31, the Jiangsu Branch of China Artists Association and Jiangsu Provincial Art Museum co-sponsor an art exhibition symposium, moderated by Ya Ming.

From August 11 to 25, the "Yee Bon Art Exhibition" is held in Shanghai. On August 25, the Shanghai Branch of China Artists Association hosts an art exhibition symposium where over 30 representatives from the Shanghai and Zhejiang art circles attend, including Yee Bon and Huang Xinbo.

On October 1, the "Guangdong Art Exhibition" is held on the fourth floor of the Guangdong Exhibition Hall in Haizhu Square, Guangzhou. Yee Bon's works are selected.

In November, Yee attends the Fourth National Congress of China Federation of Literary and Art Circles in Beijing.

In December, the "Yee Bon Art Exhibition" is held at Guangzhou Cultural Park, co-sponsored by the Guangdong Branch of China Artists Association, Guangdong Art Institute, and Guangzhou Cultural Park.

According to the official memorandum [1979]37 issued by the Organization Department of Guangdong Provincial Committee of CPC, Guan Shanyue is appointed as President of Guangzhou Art Institute, Yee Bon, Huang Duwei, Cai Dizhi, and Chen Dongting are appointed as Vice Presidents, and Cai Dizhi as Adjunct Secretary General.

1980

75岁。

1月，邓小平在全国政协新年茶话会上指出：80年代是十分重要的年代，我们一定要在10年中取得显著成绩，在本世纪末实现四个现代化。

年初，余本、关山月、黎雄才应邀赴香港交流。

3月27日至4月2日，出席美协广东分会第二次会员代表大会，继续当选为美协广东分会副主席。

在广东省文联第二次代表大会中，被选为省文联副主席和省文联委员。

同年任中国美术家代表团团长，与彦涵、黄永玉一行三人访问菲律宾，并在菲律宾国家艺术馆举办"余本、彦涵、黄永玉三人画展"，展出作品61件，其中有余本作品15件。

4月15日至5月14日，"广东画院春季画展"在广东省博物馆三楼展厅举行。

9月22日，美协广东分会在广州市人民大厦14楼露天花园举办首次广州地区"中秋"联谊会，与会者约300人，97岁的冯钢百也应邀到会，这是"文革"后广州美术界的一次大聚会。

Yee is 75 years old.

In January, at the CPPCC New Year's Party, Deng Xiaoping announces that the 1980s are a crucial decade for the Chinese people to make remarkable achievements in order to achieve the goal of The Four Modernizations by the end of the 20th century.

Earlier this year, Yee Bon, Guan Shanyue, and Li Xiongcai are invited to Hong Kong.

From March 27 to April 2, Yee attends the Second Session of the Member Representative Assembly of the Guangdong Branch of China Artists Association and is re-elected as Vice Chairman.

At the Second Congress of Guangdong Federation of Literary and Art Circles, Yee is elected as Vice Chairman and Committee Member.

In the same year, he serves as head of the Chinese Artists Delegation, and visits the Philippines with Yan Han and Huang Yongyu where they also have an art exhibition at the National Gallery of Art. A total of 61 paintings are displayed, including 15 of which were created by Yee Bon.

From April 15 to May 14, the "Spring Painting Exhibition of Guangdong Art Institute" is held on the third floor of Guangdong Provincial Museum.

On September 22, the Guangdong Branch of China Artists Association holds the inaugural Mid-Autumn Festival at the outdoor garden on the 14th floor of Guangzhou People's Mansion. The event was the first grand gathering of the Guangzhou art circle after the Cultural Revolution and had about 300 attendees, including the 97-year-old artist Feng Gangbai.

1981

76岁。

2月,"广东画院春季画展"在广州文化公园展出。

9月,在"纪念中国共产党成立60周年广东省美术作品展"中,余本的《延安》获三等奖,同样获三等奖的还有胡一川、郭绍刚等的作品,各得奖金100元,这是国内首次为获奖作品颁发奖金。

Yee is 76 years old.

In February, the "Spring Painting Exhibition of Guangdong Art Institute" is held at Guangzhou Cultural Park.

In September, in the "Guangdong Art Works Exhibition to Commemorate the 60th Anniversary of the Founding of CPC," Yee Bon's painting *Yan'an* receives third place, along with Hu Yichuan, and Guo Shaogang. The artists are each awarded 100 yuan, marking the first time painters ever receive monetary rewards for their work in China.

1982

77岁。

5月,中国美协选送165件作品赴巴黎参加"法国春季沙龙展",油画《牡丹江两岸》参展。

人民美术出版社出版《余本画集》,收入从30年代至80年代的作品60幅。

9月,邓小平提出"建设有中国特色的社会主义"的命题。

邓小平会见英国首相撒切尔夫人,表明1997年中国将收回香港。

12月18日,广东画院新址落成典礼,同时举行"广东画院作品展览"。

Yee is 77 years old.

In May, the China Artists Association selects 165 paintings for the "French Spring Art Saloon" in Paris. Yee's work, *Both Sides of the Mudan River*, is included in the exhibition.

People's Fine Arts Publishing House publishes the book, *Yee Bon Paintings*, which includes 60 of his works from 1930s to 1980s.

In September, Deng Xiaoping proposes to "build socialism with Chinese characteristics."

Deng Xiaoping meets with the Prime Minister of the United Kingdom, Margaret Thatcher, and confirms that China will take back Hong Kong in 1997.

On December 18, the inauguration ceremony of the Guangdong Art Institute is held along with the "Art Exhibition of Guangdong Art Exhibition."

1983

78岁。

3月，与广东画院全体画家共23人赴海南岛采风，历时20多天。

7月26日，"海南行画展"在广东画院二楼展览厅举行，展出画院画家海南采风作品98件。

Yee is 78 years old.

In March, Yee travels with 22 painters from Guangdong Art Institute to Hainan Island to sketch for over 20 days.

On July 26, "Trip to Hainan Art Exhibition" is hosted on the second floor of Guangdong Art Institute, displaying 98 works that were created during the trip.

1984

79岁。

6月，关山月夫妇与广东画院画家和工作人员到余本家，为余老80岁贺寿①，并赠送国画作品《老梅又报一年春》。

Yee is 79 years old.

In June, Guan Shanyue and his wife, along with artists and staff from Guangdong Art Institute, visit Yee Bon at his home to celebrate his 80th birthday. They gift him the traditional Chinese painting, *Old Plum Tree*

---

① 此按中国传统，七十九岁时贺八十大寿，八十九岁时贺九十大寿。

Welcomes Another Spring.

1985

80岁。

4月6日，中国美协第四次代表大会广东代表团组成，余本因年事已高，作为荣誉代表没有亲临会场。

7月15日，美协广东分会第三次会员代表大会，任主席团成员。

7月18日，当选为美协广东分会第四届艺术顾问。

Yee is 80 years old.

On April 6, the Guangdong Delegation for the Fourth Representative Assembly of China Artists Association is established. Due to his seniority and experience, Yee Bon serves as an honorary representative without attending the meeting.

On July 15, the Third Session of the Member Representative Assembly of the Guangdong Branch of China Artists Association is held: Yee Bon serves as Member of the Presidium.

On July 18, Yee Bon is elected as Artistic Advisor of the Guangdong Branch of China Artists Association.

1986

81岁。

1月18日，美协广东分会、广州美术学院、广东画院等10个单位联合主办的"1986年广东画坛耆英会"在广州迎宾馆举行，广州地区70岁以上的美术家应邀参加聚会。

7月4日至24日，作品参加"广东省美术作品展"在泰国艺术大学展出。

7月10日，作品参加"广东画院作品展览"在香港展出。

Yee is 81 years old.

On January 18, the "1986 Art Exhibition by Elderly Artists" is held at Guangzhou Yingbin Hotel, co-sponsored by ten organizations, including the Guangdong Branch of China Artists Association, Guangzhou Academy of

Fine Arts, and Guangdong Art Institute. Artists in Guangzhou over the age of 70 are invited to join the exhibition.

From July 4 to 24, Yee Bon's work is selected into the "Guangdong Art Exhibition" and displayed at Silpakorn University.

On July 10, Yee's work is featured in the "Art Exhibition from Guangdong Art Institute" in Hong Kong.

1988

83岁。

4月，受聘为广东画院艺术顾问。

11月8日至12日，中国文学艺术界联合会第五次代表大会召开，余本为广东美术界代表。

患心血管病，青光眼日益严重，但仍坚持在家作画，甚至几次因长时间工作而病倒。

眼疾治疗无效，在1988年失明，结束画画。《小菊》为最后完成的一件作品。

与家人一起安享晚年。

Yee is 83 years old.

In April, he is employed as Artistic Advisor of Guangdong Art Institute.

From November 8 to December, the Fifth National Congress of China Federation of Literary and Art Circles is held, and Yee represents the Guangdong art circle.

Yee suffers from cardiovascular diseases and his glaucoma is getting worse, but he insists on continuing to paint at home. Due to long working hours, he becomes ill on several occasions.

His painting career officially ends in 1988 when he loses his vision to glaucoma. *Chrysanthemum* becomes his last work.

He spends more time with his family and enjoys the quiet life.

1989

84岁。

1月17日至19日，为广东省文联第三次代表大会代表。

2月1日上午，美协广东分会和省保险公司为广州地区70岁以上的艺术家举办了"羊城寿星画家贺岁迎春雅集"，余本、关山月、徐东白等参加了活动。

Yee is 84 years old.
From January 17 to 19, he serves as Representative of the Third Congress of Guangdong Federation of Literary and Art Circles.
On the morning of February 1, the Guangdong Branch of China Artists Association and Guangdong Provincial Insurance Company host the "Yangcheng New Year Art Exhibition by Elderly Artists." Yee Bon, Guan Shanyue, and Xu Dongbai attend.

1992

87岁。

《人民画报》第一期报道中国油画，介绍中国美术馆藏品，指出余本油画《奏出人间的辛酸》（又名《拉琴者》《东方音乐》）为中国早期油画的代表作之一。

邓小平发表"视察南方谈话"。

Yee is 87 years old.
The inaugural issue of *China Pictorial* provides coverage of Chinese oil paintings and introduces the collection to the National Art Museum of China. It highlights Yee Bon's oil painting, *Eastern Music*, as one of the pioneers of early Chinese oil paintings.
Deng Xiaoping gives the South Inspection Speech.

1993

88岁。

10月，经国务院批准，享受政府特殊津贴。

Yee is 88 years old.
In October, at the approval of the State Council, Yee receives a monetary bonus reward from the government.

1994

89岁。

岭南美术出版社出版《余本》大型画集。

6月，广东画院领导王玉珏、伍启中、朱皓华、林宏基到余本家祝贺余老九十寿辰。

关山月赠楹联"丹青留史册，笔迹寄情怀"给余老祝寿。

黎雄才赠书法"中通心源"给余本。

Yee is 89 years old.

Yee Bon is published by Lingnan Fine Arts Publishing House.

In June, leaders of Guangdong Art Institute Wang Yujue, Wu Qizhong, Zhu Haohua, and Lin Hongji visit Yee Bon at his home to celebrate his 90th birthday.

Guan Shanyue writes him a couplet as a birthday gift, declaring that "his paintings make history, his brushworks speak feelings."

Li Xiongcai gifts Yee a piece of calligraphy .

1995

1月5日，在广州逝世，享年90岁。

7月7日至17日，广东画院、广东省美术家协会在广东画院二楼展厅隆重举办"余本油画展"，展出作品346幅。省、市部分领导，美术界前辈以及余本的生前友好、余本夫人及亲属参加了开幕式。7月3日，中国美术家协会发来贺文，对余本油画展开幕表示热烈祝贺，并对余本的画品、人品给予极高的评价。

7月8日，关山月为"余本油画展"赋诗祝贺："生来艺海历艰辛，早岁漂洋别井亲；望国复兴乡水暖，风骚得领本精神。"

7月12日，"余本油画艺术研讨会"在广东画院展厅举行，与会者对余本的艺术、生活、人品、画品以及在艺术史上的地位和影响展开了热烈的讨论，认为余本的油画深刻地表现了中国本土文化精神及灵魂，余本的作品在现代中国艺术史上具有不可替代的地位。

On January 5, Yee Bon dies in Guangzhou at the age of 90.

From July 7 to 17, Guangdong Art Institute and Guangdong Artists

Association host the "Yee Bon Oil Painting Exhibition" at the hall on the second floor of Guangdong Art Institute: 346 works are displayed. Attendees include municipal and provincial leaders, artists, as well as Yee's close friends, wife, and family members. On July 3, the China Artists Association sends a letter for the opening of Yee Bon's oil painting exhibition praising Yee's personal character and his artistic merits.

On July 8, Guan Shanyue writes a poem for Yee's exhibition about Yee's legacy in the art world and impact on the country. Though he left his family to study abroad at a young age, Yee eventually returned when the country was in need. Throughout all the hardships he faced, he stayed true to his Chinese roots and strengthened the Chinese spirit.

On July 12, the "Seminar on Yee Bon's Oil Painting" is held at Guangdong Art Institute. After an in-depth discussion on Yee's art, life, personal traits, painting style, position, and influence on art history, attendees concluded that Yee's oil paintings are a true representation of the spirit and soul of Chinese culture, and thus, play a vital role in China's modern art history.

1995年以后余本作品的展览与出版情况：

Exhibitions and publications of Yee Bon's works from 1995:

1996

香港艺术中心举办香港文化系列"余本油画展"。

The "Yee Bon Oil Painting Exhibition" of Hong Kong culture series is held in Hong Kong Arts Centre.

1997

台湾敦煌艺术中心出版《余本》。

Yee Bon is published by Taiwan Caves Art Center.

2012

4月，广东省东莞市莞城美术馆举办"本质·本色——余本写生作品展"。岭南美术出版社出版《余本写生作品集》。

In April, "Bon's Quality and Style: Yee Bon Sketches Exhibition" is held at Guancheng Art Museum in Dongguan, Guangdong. *Yee Bon Sketch Collection* is published by Lingnan Fine Arts Publishing House.

2013

4月，在广州美术学院大学城美术馆举办"自然本色——余本写生作品展"。

5月、7月、12月，分别在北京、武汉、哈尔滨举办"大地之美——余本写生作品巡回展"。

In April, "Bon's Natural Color: Yee Bon Sketches Exhibition" is held at the Art Museum of Guangzhou Academy of Fine Arts in University Town.

In May, July, and December, "Beauty of the Earth: Yee Bon Sketches Exhibition Tour" is held in Beijing, Wuhan, and Harbin, respectively.

2014

4月，在江苏省常熟市常熟美术馆举办"永恒的朴素——余本作品巡回展"。

8月，莞城美术馆在香港举办香港美术家和余本艺术研究学者座谈会。

9月，在莞城美术馆举办"艺即人生——余本经典作品展"。同年岭南美术出版社出版《余本经典作品集》。

In April, "Eternal Simplicity: Yee Bon Works Exhibition Tour" is held at Changshu Art Museum in Changshu, Jiangsu.

In August, Guancheng Art Museum hosts a symposium in Hong Kong that invited Hong Kong artists and researchers studying Yee Bon's art.

In September, "Art as Life: Yee Bon Classic Works Exhibition" is held at Guancheng Art Museum. During this year, *Yee Bon Classic Works Collection* is published by Lingnan Fine Arts Publishing House.

2015

2月7日，在2013—2014年度全国美术馆优秀项目评选中，"艺即人生——余本经典作品展"被评为优秀展览项目，该展览还作为优秀项目在会议上做了重点推介，中华人民共和国文化部向广东省东莞市莞城美术馆颁发了证书，这是对莞城美术馆工作的肯定，也是对余本作品的肯定。

4月，杭州市浙江美术馆举办"永恒的朴素——余本作品巡回展"。

On February 7, "Art as Life: Yee Bon Classic Works Exhibition" is recognized as one of the most outstanding exhibition programs in the 2013—2014 annual cycle of art exhibition programs in China. As a result, Guancheng Art Museum is also recognized for hosting the exhibition and receives a certificate of this acknowledgement from China's Ministry of Culture.

In April, "Eternal Simplicity: Yee Bon Works Exhibition Tour" is held at Zhejiang Art Museum in Hangzhou.

2016

11月，广东美术馆举办"人间的回响——余本作品展"。

In November, "Echo of the World: Yee Bon Works Exhibition" is held at

Guangdong Art Museum.

2017

4月，岭南美术出版社出版《永恒的朴素·余本作品与评论集》。陕西省美术博物院举办"永恒的朴素——余本作品展"。

In April, *Eternal Simplicity: Yee Bon Works and Commentaries* is published by Lingnan Fine Arts Publishing House. "Eternal Simplicity: Yee Bon Works Exhibition" is held at Shaanxi Province Art Museum.

2019

花城出版社出版《认识余本》（麦荔红著）。

The Art and Life of Yee Bon is published by Flower City Publishing House, written by Mai Lihong.

6 / 历年出版的画集
Albums published over the years

《余本画集》,1961年,编者:黄笃维,上海人民美术出版社

《艺即人生·余本经典作品集》,2014年,岭南美术出版社

《余本》,1994年,岭南美术出版社

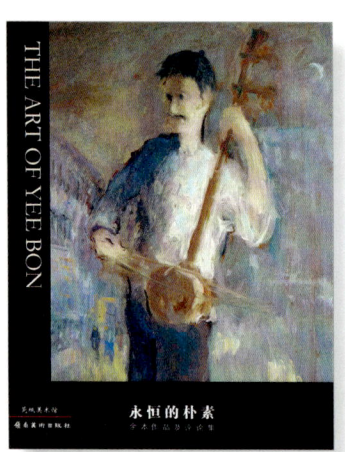

《永恒的朴素·余本作品及评论集》,2017年,岭南美术出版社

《余本》,1997年,台湾敦煌艺术出版有限公司

《余本画集》,1982年,北京人民美术出版社

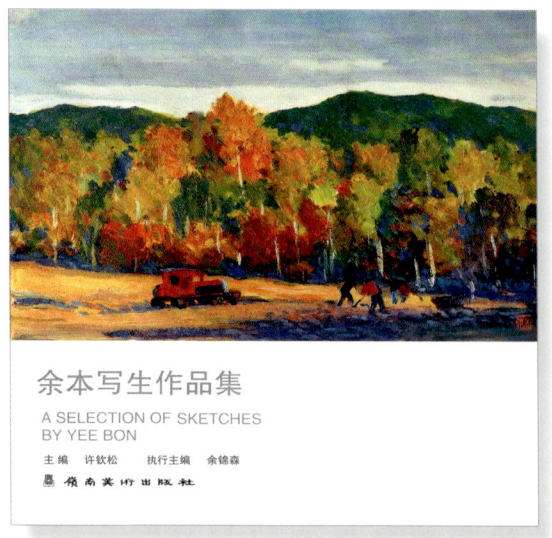

《余本写生作品集》,2012年,岭南美术出版社

 余本画展部分海报
/
Some posters for Yee Bon's art exhibitions

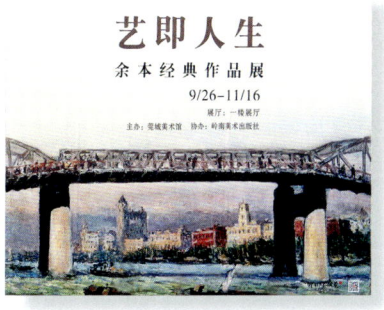

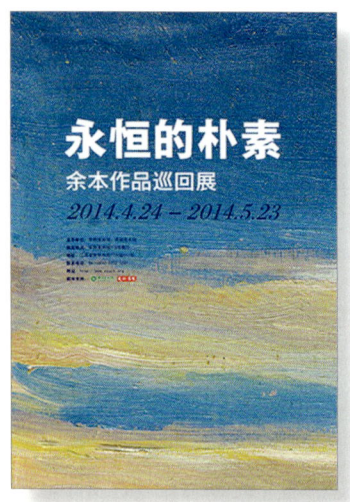

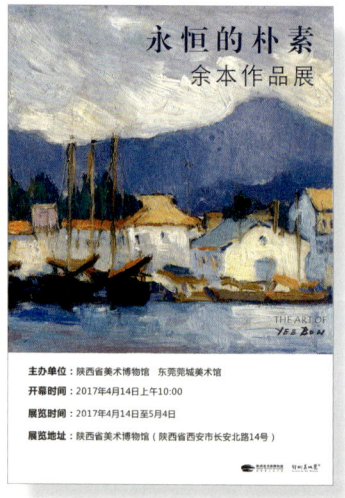

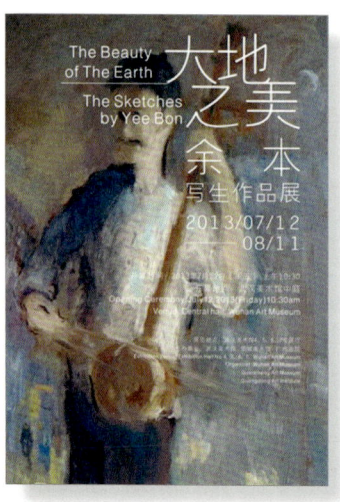

后记
―
Postscript

　　1995年，为了写一篇余本先生的文章，我到中山图书馆，花了一段时间，在特藏部查看1935年至1956年馆藏的所有香港报纸。文章写好后，把搜集到的资料放入文件盒，束之高阁，不承想，20年后，会写作余本先生的评传。

　　2016年12月，接到余锦森先生的邀约，让我撰写余本先生传记，当时心里很矛盾：一方面，感觉自己能力有限，恐难以胜任如此重要的工作；另一方面，余本先生回国后便在广东画院工作，担任副院长，他的后半生与广东画院休戚与共，我在画院从事美术评论与史论研究30多年，对前辈画家的艺术与生活进行整理与研究乃本职工作，责无旁贷；而把余本先生一生的生活轨迹与艺术风貌进行梳理和总结，供当代以及后人做研究之用，也是当务之急。

　　所幸从90年代开始，各种机缘让我参与了《广东省志》、《广东省文艺志》、《画堂灯影》（广东画院大事记）、《中国画院史》（2010年国家社科基金艺术学项目）的工作，对中国当代美术和广东美术的发展脉络做过一些功课。在着手查找资料的时候，得到了在多伦多生活多年的何山先生、何峰小姐的大力协助，不但带我在多伦多市区、安大略艺术学院、唐人街寻找余本先生的生活足迹，还提供了大量香港、加拿大的人文历史资料；在美国的刘付玲同学为我查找和翻译加拿大美术史料，广东画院前辈王玉珏先生为我提供了画院历史的珍贵记忆，广东美术馆的朱皓华先生提供了大量余本先生的图片资料。张向春先生和方壮荣先生对书稿进行用心的排版设计，余锦森先生、余锦文女士、余荫荣先生等余本先生的众多亲友在诸多方面鼎力支持，我的好朋友、花城出版社的首席编辑林宋瑜小姐和林菁小师妹对本书写作所提供的意见和审编至关重要。本书更获得2018年广东省委宣传部提供的人才专项资金的出版资助。

特别要感谢的是广东画院的领导和同事们，正是由于大家的倾力相助，《认识余本》得以面世，在此一一致谢！

在写作过程中，1932年加拿大《渥太华日报》的报道中有一句话总是萦绕在我的心头，文章写道："他希望有一天前去中国绘画东方的生活，然后返回加拿大生活和定居。"但是，自1934年余本离开加拿大后，便再也没有回过加拿大。

假如有一天，我们能够把余本先生的作品带到加拿大安大略艺术学院，让加拿大这所最著名的艺术学校的师生们知道，从这里曾走出一位杰出的华人艺术家，他用一生实现了自己的诺言：糅合东西方的文化元素，创作出独具魅力的精神世界和艺术世界，用艺术走出了独特的生命历程，那该多好！